나는 청각 장애인이다.

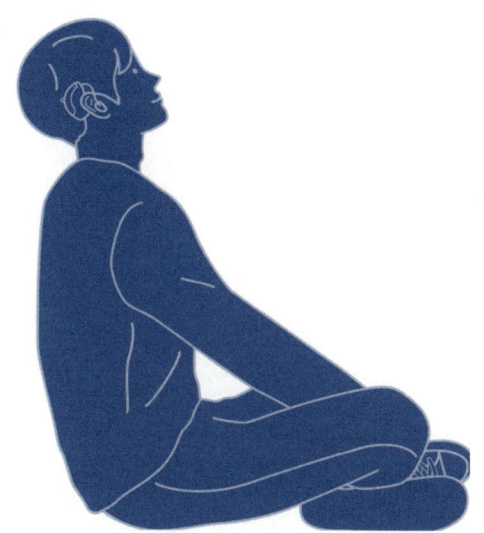

마이티북스

| 목차 |

서문_ 장애, 하늘이 내려준 아름다운 선물　　　　　006

1장　나의 장애 이야기

유아기 : 꿈에도 몰랐던 장애　　　　　012
청소년기 : 왕따, 자각을 통한 치유　　　　　016
대학 시절 : 나의 길을 찾아서　　　　　022
대학 시절 : 언어치료 앱 공모전　　　　　025
나의 부모님 : 회색빛 회고　　　　　029
나의 부모님 : 분홍빛 성찰　　　　　031
나의 부모님 : 초록빛 희망　　　　　035
청각장애인의 교육에 관한 생각　　　　　038
인공와우 수술 꼭 해야 할까?　　　　　043

2장 나의 사업 이야기

시작점 : 취업이 어려워 선택한 창업	048
창업 준비 1 : 열정으로 시작한 첫 무급 인턴	052
창업 준비 2 : 아쉬웠던 두 번째 무급 인턴	056
작게 시작하기 : 지방 출장으로 나를 알리다	058
본격적인 시작 : 종로 센터 오픈	063
종로에서의 실패 요인 1 : 마케팅의 부재	067
나는 어떻게 마케팅 방법을 찾았나	072
종로에서의 실패 요인 2 : 기존 원장님과의 마찰	075
종로에서의 실패 요인 3 : 주먹구구식 운영	080
송파에서의 재도전	084
슬픈 바람	086
명품 소리를 찾는 여정	089
청능사가 전문직 아니었어?	093
고효율 지상주의에 관한 고찰	096
꼭 창업하고 싶다면, 반드시 해야 한다면	102
성공과 행복에 대한 이런저런 생각	107

3장 청각장애 에피소드

엄마~ 나는 왜 다른 아이들과 달라?	112
매미를 돌려다~오~	115
엄마! 나 공부 때려치울래!	118
장애 = 다윗	123
명당자리를 찾아라	127
오재훈! 더 크게 읽으세요!	130
게임 같은 인생, 인생 같은 게임	134
쫓는 삶과 선의의 삶	137
사랑이란?	142
할 수 있을 때 한다는 것	145
누구의 잘못도 아닌 일	148
엄마~ 나는 잠꾸러기인가요?	152
청각장애인만 누리는 특혜	156
외롭냐? 나도 외롭다	158
관점과 시야의 문제	162
자막 좀 깔아주면 안 되겠니?	165

보청기는 만능 귀?	168
산들바람은 부드럽게	171
의사 선생님 오래오래 사세요	175
닐리리야~	177
시간과 정신의 방	181
통통 귀, 날씬 귀	185
청력검사	187
미래에 대한 리스크	191
내가 '척'하는 이유	194
죄송하지만, 왼쪽은 제 자리거든요	198
큰 울림이 담긴 홍정욱 회장님의 에세이	202
빵빵~ 자동차 경적	204
소리 없음을 보는 관점의 전환	206
관찰과 청각장애	210
중요한 것은 꺾이지 않는 마음	213
인생, 여행, 그리고 성찰	218

| 서문 |

장애, 하늘이 내려준 아름다운 선물

나의 유년기는 흐릿한 회색빛 필름처럼 기억 속에 어렴풋이 남아 있다. 나는 선천적으로 청각장애 2급을 안고 이 세상에 태어났다. 청각장애 2급은 장애 정도로 보았을 때 가장 심각한 수준인 난청에 해당한다. 그런 이유로 유년기 때는 매일 듣기 훈련과 발음 훈련을 하며 집에만 있어야 했고, 다른 아이들처럼 밖에서 뛰어노는 시간이 별로 없었다. 그래서 나에게는 한창 뛰어놀기 바쁜 유치원 시절부터 초등학교 입학 전까지의 즐거운 기억이 많지 않다.

아주 느리게 흐르는 강물이랄까? 초등학교에 입학해서 고등학교를 졸업할 때까지, 청소년기의 하루하루는 지루하기 짝이 없었다. 그 시절에는 청각장애 때문에 매우 내성적인 모습이었다. 항상 발음이 어눌하지는 않을지, 다른 사람들의 질문에 동문서답하는 것은 아닐지 등에 대하여 신경을 쓰느라 늘 스트레스가 많았던 것 같다. 그래서인지 자존감도 낮았고, 기분이 축축 처지는 날도 많았다. 낮은 자존감은 성인이 된 이후에도 가시지 않고 지속되었다. 돌이켜보면 이런 자존감 낮은 나의 모습이 센터를 찾는 손님들에게도 비치지 않았을까 하는 마음에 부끄럽기도 하다.

이 책을 출판하는 2023년은 보청기 센터를 운영한 지 5년 차에 접어드는 해이다. 오픈 초기에는 단순한 호기심으로 우리 센터를 찾는 손님들이 많았다. 청각장애를 가진 자녀를 두고 계신 부모님들께서 우리 아이가 나중에 성인이 되면 어떤 모습일지, 보통의 사람처럼 정상적으로 사회생활을 할 수 있을지에 대하여 많이 궁금하셨던 모양이다.

단순한 호기심에 끌려 보청기 센터를 방문한 손님들은 나를 구경만 하고 돌아가실 뿐, 구매는 별로 이뤄지지 않았다. 그렇게 내 상태를 구경만 하고 돌아서는 손님들을 볼 때면, 나는 마치 동물원의 원숭이가 된 듯한 묘한 감정이 들었다. 하지만 믿고 아이를 맡겨주시는 손님 한 분 한 분에게 내가 할 수 있는 최대한의 정성을 다해 감동을 드리고자 노력을 쏟아 부었다.

한 걸음 또 한 걸음, 보폭은 작았지만 꾸준했던 발걸음은 나를 배신하지 않았다. 언제부터인가 입소문을 타고 소개의 소개를 통하여 문의하는 분들이 늘어나기 시작한 것이다. 그 결과 센터를 오픈한 지 3년 차 되던 해에 우리 센터는 제곱으로 성장하게 되었다.

되돌아보면, 이러한 성장의 원동력은 모두 나의 실제 경험과 실전에서 얻은 지식에서 나오는 것이었다. 청각장애인으로서 20년 이상 직접 수많은 보청기를 사용해 보았기에 보청기에 대해서는 누구보다 경험이 많았다. 또한, 청각학을 전공하면서 보청기에 대하여 공부했으므로, 관련 분야에 대한 깊고 다양한 지식을 가지고 있었다. 이러한 지식은 단순한 이론이 아닌, 어쩌면 생존과 관련된 지식이었기에 더욱 열정적으로 파고들었던 것 같다.

나는 오랜 시간 겪어 온 생생한 경험과 실전적인 지식을 밑거름으로 현재 최고의 청능사가 될 수 있었다고 자부한다. 나아가 다른 청능사보다 청각장애인 개개인의 상태에 가장 잘 맞는 보청기를 제안해 드릴 수 있으며, 소리 또한 누구보다도 꼼꼼하고 세심하게 조절해드릴 수 있다고 확신한다. 비록 약관의 나이인 청능사이지만, 경험으로 얻은 지식과 지혜를 더 넓은 세상의 사람들과 나누면 좋겠다는 생각이 들어 이렇게 글을 써 내려가고 있다.

이 책을 통해서 꼭 전하고 싶은 이야기가 있다면, 장애는 그것이 어떤 장애이든지 불문하고, 당사자에게 가장 큰 장점으로 빛날 수 있다는 사실이다. 우리 앞에 놓인 산이 넘을 수 없는 장벽이라고 느끼면 대부분 그 자리에서 주저앉게 된다. 하지만 이 장벽이 나의 성장을 위해서 하늘이 내려준 기회라고 긍정적으로 생각해보자. 그렇다면 이를 넘어서는 시도를 하게 되고, 결국에는 목표에 다다르게 될 것이다. 즉 장애는 생각하기에 따라 단점이 아닌 최고의 장점이 될 수 있다는 의미이다. 다시 말해 높은 산을 넘어서면, 그 뒤에 숨어 있었던 새롭고 아름다운 세상이 펼쳐지게 되는 것이다.

　나는 이 책을 쓰며 장애란 끝이 보이지 않는 산길이 아닌, 하늘이 내려준 아름다운 선물임을 깨닫게 되었다. 그런 관점에서 장애로 인해 내가 마주했던 수많은 괴로움은 사실 나의 여정을 더욱 아름답게 이끌어주는 인생 최고의 동반자였던 셈이다. 그리고 이제부터 다른 이들에게 나의 소박한 이야기를 전하며 꿈과 희망을 나누어 주고자 한다. 장애는 오히려 우리에게만 주어진 가장 큰 기회일 수 있다는 깨달음을 말이다. 우리는 장애를 가짐으로써 그것을 극복할 기회를 얻게 된다. 이를 통해 새로운 경험을 하며, 이 세상에 우리만의 아름다운 발자취를 남길 수 있다는 사실을 심어주고 싶다.

　이 책이 장애가 있는 많은 분들과 장애아를 키우시는 부모님들에게 작은 희망이 될 수 있기를 소망한다.

2023년 3월 30일
청각장애인 청능사 오재훈

서문 | 장애, 하늘이 내려준 아름다운 선물

Chapter 1. 나의 장애 이야기

유아기 : 꿈에도 몰랐던 장애

나는 세상에 나올 때부터 청각장애 2급이었다. 나의 난청 원인은 전정도수관 확장증[EVAS]라는 내이의 구조적인 기형 때문이라고 한다. 당시에는 신생아 청력검사가 없었으므로, 나의 난청은 4살이 다 되어서야 알게 되었다. 부모님은 남자아이라서 소리가 들려도 무시하고, 또래보다 말이 느린 줄로만 생각했지, 난청일 것이라고는 전혀 상상치 못하셨다고 한다. 부모님은 혹시나 하시던 할머니의 권유로 나를 병원에 데려가 청력검사를 받아보았다고 한다. 그렇게 나의 청각장애는 세상에 알려졌다. 그리고 그쯤부터 보청기를 착용하기 시작했다. 여기에 더해 매일 청능훈련과 언어치료를 받았으며, 그 덕분인지 지금은 정상적으로 말을 할 수 있게 되었다.

아무리 노력한들 한 번 잃어버린 청력을 되찾기란 의학적으로 불가능하다. 이는 희망만으로 극복할 수 있는 것이 아니므로, 청각장애가 있는 나에겐 좌절할 일이다. 하지만 다른 관점에서 아주 완벽하지 않지만, 적극적인 치료와 노력을 통해 얼마든지 청각장애를 극복할 수 있다는 의미도 담겨 있다고 생각한다. 비록 말할 때 약간의 어눌함이 있지만, 그것이 타인과 의사소통하지 못할 만큼 그리 큰 문제는 아니며 정상적인 범주 내에서 충분히 의사소통이 가능하다는 뜻이다. 오히려 그것이 나에게만 있는 특별한 매력이며, 이제 나는 그것을 즐기고 있다고 말하고 싶다. 그것은 나의 삶에서 더 큰 인생의 풍요로움을 만들어주는 요소이기 때문이다.

나는 그것으로 충분히 만족하고 감사하다. 장애란 우리의 인생에서 어두운 그림자가 되기도 하지만, 사실 그 그림자를 만들어내는 것은 장애가 아닌 나 자신이다. 장애는 마음먹기에 따라 얼마든지 밝고 아름다운 빛으로 바뀔 수 있다. 다른 이들과 마찬가지로, 내가 걸어온 길은 언제나 어려움과 고통이 함께 했다. 그러나 나는 그 속에서 내 안에 잠재해 있던 힘과 용기를 발견했다. 이는 내가 장애라는 선물을 통해 얻게 된 가장 큰 보물이다.

나의 부모님은 두 분 다 건청인이다. 평생을 청각장애에 대해서 생각해보신 적이 없으셨기에 자식이 청각장애일 수 있다는 예상도, 그렇게 태어났다는 사실도 전혀 상상할 수 없었다. 그러던 중 부모님은 내가 4살이 되었을 무렵, 나에게 어떤 문제가 있다는 사실을 인지하시게 되었다. 당시 부모님은 그것이 청각장애 혹은 다른 질병인지 알 수 없었지만, 내가 또래보다 말이 느리다는 것을 느끼고 비로소 의문을 품게 된 것이다. 결국 병원에서 이런저런 다양한 검사를 받고 난 후에야 내가 선천성 고도 난청이라는 사실을 알게 되셨다. 그때 부모님은 너무 많이 놀라고 두려우셨다고 한다.

그리고 서둘러 대학 병원을 찾아가셨다고 한다. 더 정밀한 검사를 위해서였다. 그곳엔 더 어두운 소식이 우리를 기다리고 있었다. 담당 의사 선생님은 내가 보청기를 착용하면 소리는 듣겠지만, 말은 하지 못할 거라고 단언했다고 한다. 이어서 말을 할 수 있으려면 인공와우 수술을 하는 것이 최선이고, 그러려면 한쪽 귀 2천만 원씩, 4천만 원이라는 수술비가 든다고 말했다고 한다.

그 후에도 진료하러 병원에 가면 늘 똑같은 패턴이었다고 한다. 간단한 검사를 마치고 나면 매번 수술비는 준비되었는지 물었고, 아직 준비하지 못했다고 말하면 준비해서 다시 오라는 말뿐이었다고 한다.

엎친 데 덮친 격으로 두 살 어린 동생마저 청각장애가 있음을 알게 되었고, 이에 인공와우 수술비로 총 8천만 원 이상이 필요했다. 당시 부모님은 그런 큰돈을 준비할 여력이 없었다. 또한, 그때는 인공와우 수술이 국내에서 도입된 지 겨우 2~3년이 지난 시점이기에 수술에 대한 정보도 매우 부족했으므로, 인공와우 수술이 정말 최선의 방법인지에 대한 의문도 있었다.

병원에서는 늘 보청기를 통한 재활이 불가능하다고 말했지만, 당시 부모님이 할 수 있는 최선의 방법은 보청기라도 좋은 것을 해주고, 언어치료를 받아보자는 것이었다. 하지만 요즘과 달리 당시에는 청각장애를 전문으로 다루며 이를 잘 이해하는 언어치료실을 전혀 찾아볼 수 없었다고 한다. 어쩔 수 없이 부모님은 우리를 청각장애를 잘 이해하는 특수 학교의 유치원에 보내는 것이 최선이라고 생각하셨고, 그렇게 나와 동생은 애화학교에서 운영하는 유치원에 입학하게 되었다.

유치원에서의 일과는 마치 다람쥐가 쳇바퀴를 도는 것과 다를 바 없이, 매일 똑같이 반복되었고, 기억에 남을 이벤트 없이 몇 년이 훌쩍 흘러갔던 것 같다. 유치원에 다녀오면 다시 사설 언어치료를 받으러 갔고, 귀가 후 저녁을 먹은 후에는 다시 낮에 받았던 언어치료를 복습했다. 그러다 보면 어느새 잘 시간이 되고, 다시 아침이 밝으면 유치원에 등원했다.

이처럼 언어치료 외에는 특별한 일들이 없었다. 단지 언어치료하고, 먹고, 자고, 다시 언어치료하고, 또 먹고, 또 자고 그게 전부였다. 다른 친구들처럼 장난감을 가지고 놀거나, 그림책을 보거나, 부모님과 함께 놀거나, 친구들과 뛰어놀거나, 가까운 곳에 소풍을 가거나 하는 등의 시간이 거의 없었다. 그래서 나는 유년기 시절의 추억이 별로 없다. 가족과 함께 찍은 사진이 거의 없는 어릴 적 사진첩만 보더라도 또래와는 조금 달랐음을 알 수 있다.

　어머니의 말씀을 들어보면, 자신은 30대라는 비교적 어린 나이 때부터 장애가 있는 아이를 둘이나 키우느라 본인의 삶이 거의 없었다고 하신다. 어머니는 자식들의 장애로 인한 여러 어려움을 극복하기 위하여 젊은 날을 모두 바친 셈이다. 아버지도 항상 돈을 버느라 바쁘셨고, 내가 잠든 늦은 밤에 귀가하는 경우가 많았다.

　우리에게 말로 표현하시진 않았지만, 나와 동생 때문에 힘드셨던 부모님의 눈에 때때로 슬픔이 느껴지기도 했던 것 같다. 나는 부모님께서 힘든 기색을 애써 감추시고, 언제나 나와 동생을 사랑하셨으며 우리를 위하여 그들의 하루하루를 헌신하셨다고 생각한다. 늘 내 마음 깊은 곳엔 부모님의 무한한 사랑과 희생에 대한 큰 감사함이 자리 잡고 있다.

　돌아보면, 나의 유년기는 마치 황량한 겨울 들판과도 같다. 햇살이 들지 않아서 춥고, 항상 습기로 축축한 그런 겨울 들판 말이다. 그 들판에는 나무 하나가 자라고 있었다. 바싹 마른 나뭇가지는 때때로 톡톡 부러졌고, 빛바랜 나뭇잎들은 축축한 땅바닥에 쓸쓸하게 떨어져 스산한 바람에 휙휙 쓸려 다녔다.

　어두운 풍경 속에서도 나는 항상 어렴풋한 희망을 품고 서 있었다. 무척이나 힘들지만, 무너질 만큼 좌절에 이르지 않은 상태라고 해야 할까? 내 마음속에는 늘 내가 명확히 정의 내리기 힘든 희망의 기운이 자리 잡고 있었던 것 같다. 애써 표현하자면, 비록 오늘은 흐리고 쓸쓸한 날씨 속에서 외로이 거닐고 있지만, 내일은 밝은 태양이 떠올라 따스한 햇살이 나를 감싸줄 것만 같은 그런 느낌이라 말할 수 있다.

청소년기 : 왕따, 자각을 통한 치유

나는 장애 덕분에 어렸을 때부터 오해를 불러일으키는 사람이었다.

오해는 인간관계에서 필연적이고 본질적으로 따르는 존재라고 생각한다. 때때로 오해란 인간과 인간이라는 상호관계에서 서리 낀 안경 너머로 어렴풋이 서로를 바라보는 희미함 같은 것이 아닐까? 오해라는 희미함 속에서 우리는 끊임없이 서로 다른 맥락으로 자신의 이야기를 풀어가려고 노력하지만, 거듭된 노력에도 관계는 마치 뒤얽힌 실타래처럼 얽히고설키기만 할 뿐이다. 인간은 서로 다른 자아를 가지고 있다는 점과 언어라는 불완전한 도구를 사용하여 관계를 맺는다는 점 때문에 서로의 관계에서 필연적으로 오해가 발생할 수밖에 없는 것이리라.

역설적으로 이러한 오해 때문에 우리는 서로 간에 끊임없이 대화를 나누고, 정서를 교환하기 위하여 노력할 수밖에 없게 된다. 어쩌면 오해라는 것은 인간관계에 있어서 필수불가결한 것일지도 모르겠다. 이처럼 서로에 대한 불완전한 이해를 메우기 위한 그러한 과정 하나하나가 모두 나 자신과 타인을 이해하고 성장하는 과정이며, 서로의 관계를 더욱 깊게 만드는 소중한 축적이 되기도 하기 때문이다. 이러한 오해 없이 누구나 서로를 100% 이해할 수 있다면 처음부터 대화 자체가 필요 없을 것이고, 오해로 얽힌 관계 자체가 성립하지 않을 것이다. 어쩌면 사회도 형성되지 않을 것이고, 역사도 이루어지지 않을 것이다.

하지만 오해가 일반적으로 용인되는 수준을 넘어선다면 이야기가 달라진다. 만약 누군가가 다른 사람들보다 더 많은 오해를 받게 된다면, 그것은 한 인간이 감내하기 힘든 고통이 될 것임이 분명하다. 마치 처음 방문한 낯선 도시의 어두운 밤을 홀로 헤치며 걸어가는 것과 같은 두려운 여정이 될 것이 분명하리라. 청각장애가 바로 그런 경우이다. 청각장애가 있다는 것은 언어로 소통하는 인간이 일반적으로 경험하는 오해를 열 배쯤 더 많이 경험해야 한다는 뜻이기도 하다.

사람들은 서로 만나 대화하며 수시로 상대방을 호명한다. 하지만 나의 경우엔 청각장애로 인하여 친구들이 부르는 소리를 잘 듣지 못하는 경우가 많다. 이에 적절하게 반응해주지 못할 때가 많았고, 대화를 나눌 때도 불확실하게 들려 동문서답하는 경우가 다반사였다. 안 그래도 어려서 언어에 대한 이해 능력이 낮은 시기에 말소리 자체가 잘 들리지 않으니 나로서는 어쩔 수 없는 노릇이었다. 또한, 내가 적절히 말을 이어가더라도 발음이 어눌해서 조금은 이상하게 보이기도 했을 것이다.

나는 최선을 다해 귀를 기울여보지만, 상대방은 내가 그를 무시하기에 불러도 대답하지 않는다고 생각했을 것이다. 또한, 내가 동문서답하거나 발음이 어눌할 때는 내가 멍청해 보인다고 생각했을 것이다.

여하튼 이러한 이유로 나는 아이들의 무리에서 점차 소외되기 시작했다. 어른들은 보통 아이들이 천진난만하다고 생각하지만, 들여다보면 사실 그렇지 않다. 아이들의 세계에도 분명히 힘의 우열이 있다. 어른들과 마찬가지로 다른 아이가 자신보다 확실히 약하다는 판단이 들면 그 아이를 괴롭히거나 무시하는 등 비뚤어진 우월감을 보이는 것이다. 어른이 되고 사회에 나오면 그것이 도덕이나 법이라는 잣대에 의하여 냉정하게 평가받게 되므로 스스로 자제하게 된다. 그러나 아이들은 사회적인 규율로부터 상당 정도 자유롭고, 때로는 용인되기도 하기에 그러한 괴롭힘이 겉으로 잘 드러나지 않는 경우가 많은 것이다.

아버지에게 듣기로는 당신께서 학교에 다니시던 학창 시절, 특히 남자 학교에서는 주먹다짐이 많았다고 한다. 실제로 심리학 강의를 들어봐도 남자들 사이에서 문제가 발생하면 물리적인 폭력이 많이 발생하고, 여자들 사이에서 문제가 발생하면 언어적인 폭력이 많이 발생한다고 한다. 하지만 요즘엔 남자아이들이건 여자아이들이건 '왕따(따돌림)'라는 현상으로 집중되는 경향이 심하다.

이와 같은 왕따 급증 현상은 예전과 달리 사회가 발달하면서 사회의 안전성이 강해지고, 어른들 사회에서의 규율이 아이들의 사회에도 상당 부분 적용되기 시작했기 때문이라고 한다. 그래서 아이들이 다니는 학교에서도 직접적인 폭력이 아닌, 간접적인 형태의 폭력인 소위 '왕따'로 변질하여 나타나는 것이다. 즉 의도적으로 특정한 사람을 집단에서 소외시킴으로써 눈에 보이지 않는 심리적인 괴로움을 주는 것이라고 볼 수 있다. 그래서 요즘엔 물리적인 폭력처럼 눈에 보이거나 언어적인 폭력처럼 귀에 들리는 폭력이 아닌, 보이지도 들리지도 않는 왕따가 학교 현장에서 굉장히 많이 발생하고 있다. 이는 정말 큰 문제가 아닐 수가 없다.

나 역시 학창 시절을 보내며 몇 번이나 왕따를 경험했다. 초등학교 때 두어 번, 고등학교 때에도 두어 번 왕따로 인해 힘들었던 적이 있다. 물론 그 원인의 대부분은 내가 가진 청각장애가 차지한다. 앞서 말했듯이 나는 다른 친구들이 하는 말을 잘 듣지 못했고, 오히려 엉뚱한 말을 하거나, 발음이 어눌했기 때문에 따돌림당하기 딱 좋은 조건(?)을 가지고 있었다.

학급 친구들은 나의 말을 무시하거나 못 들은 척하기 일쑤였고, 뒤에서 나에 관해 험담하며 낄낄대고 웃는 경우도 많았다. 또한, 어눌하기 짝이 없는 나의 목소리를 흉내 내며 놀리기도 했다. 그래서 나는 항상 학급에서도 무리에 끼지 못하는 겉절이 같은 존재가 될 수밖에 없었다. 지금 돌아보면 참 비겁하지만, 따돌림당하거나 놀림을 당할 때마다 제발 나 아닌 다른 아이에게 화살이 향하기를 바라는 마음을 가져보기도 했다.

당연하게도 이러한 상처들은 내 안에 열등감이라는 불씨를 키웠다. 난청으로 인해 생기는 수많은 오해와 무시, 놀림은 서서히 나를 열등감의 화신으로 만들었다. 그리고 이내 그 반대의 감정인 우월감에 대한 동경으로 번져갔고, 성인이 된 나는 자신도 모르는 사이 소위 '성공'이라는 것에 대한 지나친 갈망을 품게 되었다.

어릴 적 느꼈던 그런 혼란스러운 감정들은 결국 나를 어둠으로 밀어 붙였다. 나는 어둠을 벗어나기 위해서 타인의 관심과 호의에 대한 갈망에 목마름을 앓았다. 남들보다 더 잘나가는 모습을 보여주기 위하여 가짜 연기를 하기 시작했고, 실패자나 사회 부적응자라는 타이틀을 달고 싶지 않아서 나를 감추는 반짝이는 껍데기들을 찾아 헤맸다.

예상했겠지만, 그러한 갈망이 좋은 결실을 거두기는 힘든 일이다. 그러한 나름의 노력은 나를 더 깊은 어둠과 혼란 속으로 밀어 넣을 뿐이었다. 나의 갈망을 채우고자 타인의 관심과 호의를 얻으려 노력하면 할수록 현실은 더욱 비참한 모습으로 나의 앞에 얼룩졌다. 그 모든 시간이 나에게는 참으로 힘들었던 시간이었던 것 같다. 나는 고민했다. 어떻게 하면 장애를 가지고도 타인과 안정된 관계를 맺어가며, 이 사회에서 꿋꿋이 살아남을 수 있을까.

그때 문득 고등학교 담임 선생님의 말씀이 생각났다. "인생에서 공부가 전부가 아니다. 꼭 공부가 아니어도 남들보다 잘 할 수 있는 것 하나만 있으면 충분히 행복하게 살 수 있다."

'내가 남들보다 압도적으로 잘 할 수 있는 것이 무엇일까?' 그때부터 나를 마주하며 고민하기 시작했다. 많은 시간 나를 돌아보고 분석하며 남들이 하지 않거나, 내가 상대적으로 더 잘 할 수 있는 일들을 찾아보는 깊은 고민의 시간을 가졌다. 처음에는 지성과 노력으로 답을 찾고자 했지만, 어느 순간부터는 직감과 본능이 이끄는 쪽으로 나에 대해 고찰해 나갔다.

그 고민의 결과, 내가 가장 잘 할 수 있는 일은 내가 오랫동안 사용해온 '보청기'라는 사실을 직감하게 되었다. 이 분야에서 정점을 찍는 것, 그리고 성공하는 것을 내 인생의 목표로 명확히 설정하였다. 나아가 나의 모든 열정과 에너지를 보청기와 청각장애인들의 삶의 질 향상을 위해서 쏟아붓겠다는 신념으로 나 자신을 철저히 무장시켰다. 이렇게 내 안에 존재했던 깊은 욕구를 깨닫게 된 그 순간, 나의 모든 노력은 열정이라는 하나의 에너지로 합쳐져서 나를 더욱더 강하게 만들어 주었다.

지금은 나에게 주어진 인생을 보청기와 함께 걷고 있으며, 이 일을 통해 우리 사회의 일부분에서 기여하고 있다. 또 한 가지 있다면 스스로 잃어버렸던 자신감을 회복하고, 나의 인생을 힘차게 열어나가고 있다는 사실이다. 이렇게 자신하는 것이 조금 부끄럽기도 하지만, 나는 나의 목표를 위하여 정말 최선을 다해서 달려왔고, 지금도 달려가고 있다는 사실에 대하여 단 한 점의 의심도 없다.

반면, 또 다른 깨달음이 있다면, 내가 얼마나 성숙하지 못하고 부족한 인간인지를 알게 된 것이다. 이에 나의 부족함을 메우고자 직업적인 성공뿐만 아니라, 인간적인 성공을 위하여 여러 분야의 책도 읽고 강의도 들으면서 매일 매일 노력하고 있다. 아마 이러한 노력은 나의 삶이 다하는 그 순간까지 계속될 것이다.

지금의 나는 새로운 여정을 계획하고 있다. 그것은 내가 어린 시절에 왕따라는 고통스러운 경험을 이겨내고 이루어낸 현재의 성취들이 결코 내 인생의 전부가 아니라는 사실이다. 지금까지 이루어낸 값진 결과물들도 소중하지만, 지난 삶에서의 고통을 나의 개인적인 성취로 덮는다는 것은 어쩌면 열등감의 또 다른 얼굴일 뿐이라는 생각이 든다.

이에 따라 나는 성공을 만드는 발걸음에서 한 걸음 더 나아가리라는 결심했다. 그것은 나에게 상처를 준 사람들은 물론 나를 모르는 사람들까지도 온전히 이해하며 포용하는 것이다. 이는 현재 내 삶에서 가장 큰 목표가 되었다. 온전한 치유는 덮어버리는 것이 아니라 받아들이는 것이기 때문이다. 이제부터 내 인생의 목표는 비단 개인적인 성취뿐만 아니라, 나와 같은 세상을 살아가는 다른 사람들을 최대한 이해하고 도우며 함께 발전해 나가는 것이다. 나의 이러한 가치관은 왕따라는 경험을 통해 얻게 된 소중한 깨달음이다.

대학 시절 : 나의 길을 찾아서

곰곰이 생각해봐도 나는 참 재미없게 살아온 것 같다. 유년기에는 매일 청능훈련과 언어치료를 받았고, 청소년기에는 가끔 왕따를 당해가면서 말이다. 재미란 즐거움과 흥미를 느끼는 것을 의미하는데, 이러한 재미는 개인의 취향과 관심사에 따라 다양하게 말할 수 있을 것이다. 예를 들면, 어떤 사람은 영화나 책을 보는 것을, 어떤 사람은 스포츠를 즐기는 것을, 또 다른 사람은 자연과 함께하는 것을, 또 다른 사람은 예술이나 음악을 즐기는 것을 좋아할 것이며 이를 재미라고 말할 것이다. 하지만 나의 청소년기에는 이러한 재미가 별로 없었던 것 같다.

이 세상에 다양한 인생을 헤쳐 나가는 사람들이 있듯이, 이러한 에세이를 통해 굳이 내 지난 시절을 미화하고 싶지는 않다. 그것조차 나의 삶의 일부분이고, 그렇게 나의 어두운 부분을 끌어안을 때 나의 밝은 부분도 끌어안을 수 있다고 믿기 때문이다. 이에 나는 지난 인생 중 20살이 될 때까지는 그 어떤 재미도 없이 살았다는 것을 확실하게 말할 수 있다.

그러다가 조금 숨통이 트이기 시작한 시점이 대학 시절인 것 같다. 나는 고3 때부터 청각학과로 대학 진학을 준비했는데, 이러한 결심은 내 보청기를 관리해주시던 청능사 선생님의 권유에서 비롯된다. 당시 나는 청각학과가 존재한다는 것조차 모르고 있었다. 어느 날 청능사 선생님이 말씀하셨다. "청각학과에서는 청각학이라는 학문을 배우는데, 네가 청각장애가 있어서 비장애인들보다 청각장애 아동들을 더 잘 케어해줄 수 있을 것 같다. 한 번 고민해봐." 이어 나에게 청각학과가 있는 대학까지 알려주셨다. 나는 선생님의 말씀이 끝난 직후부터 청각학이라는 학문과 청능사라는 직업에 관심을 두었고, 그래서 청각학과로 가장 유명한 한림대학교 청각학과에 지원하게 된 것이다.

청각학과에 대해 생소한 분들이 많기에 간단히 설명하자면, 이는 청각보조기기 및 청각장애에 대한 이론과 실무를 가르치는 교육과정이다. 청각장애인들은 언어, 음악을 포함한 소리 일체에 대한 청각적인 정보를 인지하고 이해하는 것에 대하여 큰 어려움을 겪는다. 청각학과는 이러한 문제를 해결하기 위한 다양한 교육과정을 제공하고, 청각장애인들의 청취 능력 향상을 지원하는 데 초점을 두는 학과이다.

청각학과에서 가르치는 주요 과목으로는 청각언어학, 청각심리학, 청각재활학, 청각학 등이 있다. 해당 과목들은 청각의 메커니즘에서 시작해서 청각장애인들이 음성과 음향 정보를 인지하고 이해하는 방법에 관한 내용들을 상세히 다루고 있다. 아울러 보청기 등의 보조기기에 대한 사용법 등 기술을 활용하여 학습 효과를 극대화하는 방법도 다루고 있다. 이로써 청각장애인들의 학습 효과를 극대화하고, 그들이 사회에서 더욱 적극적으로 자신의 역할을 수행할 수 있도록 돕는 것에 주요한 목표가 있다고 할 수 있다.

대학 입학 후, 청각학과에 나처럼 청각장애가 있는 선배님이 둘이나 있다는 것을 알게 되었다. 같은 장애를 가졌다는 동질감에 이내 선배님들과 가까워졌고, 자주 교류하며 선배님들의 조언도 들어보곤 했었다. 간혹 선배님들이 그려가는 졸업 후의 진로를 여쭤보면 둘 다 전공을 살려서 취업하지는 않을 거라고 이야기했다. 그 이유가 상당히 실망스럽다. 즉 청각학이라는 전공을 내세워 아무리 취업할 곳을 찾아봐도 어느 정도 괜찮은 회사는 물론, 눈높이를 낮춰봐도 마땅한 자리를 찾기 어렵다는 것이다. 청각과 관련된 회사들이 장애가 있는 사람은 원하지 않았기 때문이었다. 오히려 청각장애인을 타겟으로 두는 회사에서 나 같은 조건의 사람을 더 필요로 해야 하는 것 아닌가?

나는 청각장애인을 케어하는 특수한 목적을 가진 학문을 전공하고도, 선배님들의 모습을 보면서 일찌감치 한계를 자각했다. 이는 내 의지로 극복할 수 있는 부분이 아니었으므로, 다른 진로 방향을 고민해 나갔다. 그러면서 자연스레 창업을 생각해보게 되었다.

깊은 고민 끝에 내 능력을 가장 잘 발휘할 수 있는 길은 창업밖에 없다는 결론에 도달했다. 그때가 아직 신입생티도 벗지 않은 대학 1학년 때였다. 그 이후로 나는 단 한 순간도 취업을 생각해보지 않았다. 쉬는 순간에도 오로지 창업만 생각했고, 그 덕분에 남들보다 일찍 창업의 길로 들어설 수 있게 되었다.

누군가처럼 대학을 졸업도 하기 전 창업한 것은 아니지만, 나는 1학년 때부터 내 나름의 '창업 준비'를 시작했다. 수업을 들을 때도, 혼자 공부할 때도 늘 창업을 염두에 두고 공부했으며, 교내에서 진행되는 다양한 활동 중에서도 창업에 필요하거나, 창업과 관련된 활동들은 더욱 적극적으로 참여해 나갔다.

그 와중에 탄생한 것이 바로 '언어치료 앱'이었다. 이 앱을 만드는 프로젝트는 내 대학 시절에서 가장 의미 있는 시간이었다고 생각한다. 나는 이 프로젝트를 통하여 음성인식 엔진을 활용한 언어치료 방법에 대한 아이디어를 세상에 처음 선보이며 어느 정도의 성과를 만들게 된 것이다.

대학 시절 : 언어치료 앱 공모전

청각장애가 있다면 필수적으로 언어치료를 받아야 한다. 하지만 주변에 청각 전문 언어치료 센터가 많이 없다는 것이 문제이다.

언어치료는 청각장애인이 말을 원활하게 구사하도록 이끌어주는 치료이며, 이는 듣기 훈련과 발음 훈련으로 이루어져 있다. 이 두 가지는 서로 교차하며 진행되는데, 청각장애가 있음을 발견하게 되는 생후 3, 4개월 즈음에는 아이와 상호작용이 어려우므로 발음 훈련은 거의 불가능하다. 그래서 보통 듣기 훈련부터 시작한다. 그러다가 아이의 자아가 형성되는 생후 20개월 이후부터 상호작용이 가능해지므로 발음 훈련을 시작하게 된다.

대학교 2학년 때 청능재활 실습 과목을 수강하면서 청각장애를 가진 고3 학생을 맡게 되었다. 이 학생은 언어치료를 받을 경제적 여건이 되지 않아서 무료로 진행하고 있는 우리 학교 언어치료실의 문을 두드린 것이다. 그렇게 나와 매칭이 된 후에 1주일에 1번씩 학교 수업을 마치고 50분 정도를 걸어서 언어치료실에 방문하였고 치료를 마치면 또 다시 50분을 걸어서 집에 가곤 했다.

실습을 한지 한 달쯤 되었을까? 왕복 2시간 거리를 혼자 왔다 갔다 하는게 힘들었는지 나중에는 연락도 안 되고 언어치료실에도 거의 나오지 않게 되었다. 실습시간에 담당 아동이 오지 않으니 고민에 빠지게 되었다. 이렇게 방치되어 있는 아이들이 꽤 있을 것 같은데 집에서도 언어치료를 받을 수 있는 방법을 찾아봐야겠다.

평소에 알고 지내던 컴퓨터 공학 친구에게 언어치료 어플리케이션을 하나 만들어보자고 제안을 하게 되었다. 그러나 하다 보니 비전공자가 하기에는 쉬운 일이 아니어서 우선 반복학습을 할 수 있는 간단한 소프트웨어 데모를 만들게 되었다.

그 이후로 이 데모를 알리기 위해 알아보던 중에 마이크로 소프트에서 개최하는 '이매진 컵(Imagine Cup)' 공모전 소식을 접하게 되었다. 이매진 컵은 마이크로 소프트에서 주최하는 '소프트웨어 월드컵' 같은 대회라고 할 수 있다.

그 취지는 소프트웨어를 통해 지역 사회나 전 세계적으로 발생하는 문제들을 해결하고, 더 나은 세상을 만들어보자는 것이다. 이 대회는 16세 이상의 학생들을 대상으로 전 세계에서 개최되어 그중 24개국이 선발된다. 이렇게 선발된 팀은 마이크로 소프트 본사에 가서 자신의 아이디어와 제품을 발표할 수 있는 자격을 얻게 된다.

나는 이매진 컵 공모전에 도전하기 위해 대학교 2학년 내내 철저히 준비해나갔고, 3학년이 되어서야 공모전에 참가할 수 있었다. 내가 기획한 언어치료 앱은 기존에 나와 있던 마이크로 소프트의 음성인식 기술을 활용하는 방식이었는데, 딥러닝(deep learning)을 기술을 더해 사람의 발음이나 조음 장애에 대해서 피드백해 주는 방식이었다. 무척 단순해 보이지만, 당시만 해도 이런 시도 사례는 전 세계에서 찾아볼 수 없었다. 이에 창의적이고 획기적인 아이디어로서 충분한 가치와 경쟁력을 가진다고 판단해 도전하게 된 것이었다.

다행히 일은 계획대로 척척 진행되었다. 이 앱을 만드는 과정에서 나는 코딩 이외의 모든 일을 도맡았다. 코딩은 전문적인 지식이 필요하므로 함께 데모를 만들었던 친구에게 부탁해서 도움을 받았다.

긴 시간 끝에 머릿속으로 그려왔던 앱이 만들어졌고, 국내 심사위원단으로부터 우리의 아이디어는 그 가치를 인정받았다. 놀랍게도 국내 1등(국가대표)이라는 결과를 얻은 것이다. 이후 대학 총장님의 상까지 받고 전진해 나갔지만, 아쉽게도 전 세계에 24위 안에 들지는 못했다. 국내 1등을 했다는 것으로 여러 대기업에서 스카우트 제안이 들어왔다. 또한, '테드x한리버(TEDx HanRiver)'에 출연해 우리가 만든 앱을 소개하는 강연을 하기도 했었다.

부단히 노력해 나갔지만, 최종적으로 이 앱을 상용화하지는 못했다. 개인이 서비스하기에는 여러 가지로 한계가 있음을 깨달았기 때문이다. 우선으로 앱을 더욱 고도화해야 했으며 이를 위해서는 막대한 예산이 필요했다. 나는 학생의 신분에서 도저히 그런 자금을 조달할 수가 없었다. 어쩔 수 없이 그쯤에서 사업을 포기하게 되었고, 시간이 지나 다른 분이 비슷한 아이디어로 사업화를 시도한다는 소식을 듣고 매우 반가웠다. (지금은 '소보로'라는 기업이 되었다.)

그간 인류는 과학기술을 통하여 물리적, 생물학적 한계를 수없이 극복해왔으며, 과거에 비해 이러한 과학기술 발전에 가속도가 붙고 있음을 피부로 느낀다. 청각장애도 기술 발전과 긴밀한 관계가 있고, 이를 통해 청각장애인들의 삶에는 많은 변화가 찾아왔다. 예를 들면, 지금 내 귀에 꽂힌 보청기가 바로 그것이다. 또한, 각종 청력 보조기기와 인공 귀 등은 청각장애인들이 일상에서 소리를 더 잘 인지할 수 있도록 돕는 중요한 기술적 발전이라 말할 수 있다. 즉 청각장애인들은 기술의 발전으로 이전보다 훨씬 원활하게 타인과 의사소통할 수 있게 된 것이다.

이 순간에도 각종 통역기기와 자막 기술, 음성인식 기술 등이 계속 연구되며 청각장애인들의 정보 습득을 돕고, 더 쉽게 소통할 가능성을 열어주고 있다. 나아가 머지않은 미래에는 청각 재생 의학 분야에서 청각 신경 세포를 재생시켜 청각장애를 완전히 극복할 수 있는 날도 반드시 오리라 믿는다. 인공지능, 빅데이터, 지능형 로봇 등 과거에는 상상할 수조차 없었던 놀라운 신기술들이 지속해서 발표되고 있기 때문이다.

나는 진심으로 세상에 바란다. 이러한 기술들이 그저 일부의 전유물로 전락하지 않기를. 청각장애뿐만 아니라 그 밖의 장애를 가진 수많은 사람 모두에게 실제로 도움이 되는 멋진 세상이 오기를.

나의 부모님 : 회색빛 회고

"절망적이었지. 정말…"

언젠가 어머니께서 하신 말씀이다. 그리고는 그 시절로 돌아가 회상하시는 듯 한참을 눈을 감고 가만히 계셨다. 어머니는 당시 나와 동생이 고도 난청 판정을 받은 후, 하늘이 무너지는 것 같은 절망감을 느꼈다고 한다.

직접적인 말씀은 없으셨지만, 죄책감도 크게 느끼셨을 것으로 생각한다. 두 아들이 모두 청각장애를 안고 태어났으니 말이다. 어머니께 직접 여쭤보지는 않았으나 보청기 센터를 운영하면서 그런 경우를 많이 봤기 때문에 내 어머니도 그러셨으리라 짐작된다. 부모들은 자기 자식이 난청이 있다는 사실을 알게 되면 죄책감을 가지는 경우가 흔하다. 항상 미안해하고, 모든 것이 자신의 잘못이라고 생각한다. 특히 엄마들에게서 그런 경향이 강하게 나타나는 것을 알 수 있다. 아무래도 내 배로 낳은 자식이기에 아빠들보다 정서적인 연결고리를 많이 느끼는 것 같다.

당시에는 신생아 청력검사라는 것 자체가 없었다. 이에 부모님께서도 자식들의 장애를 까맣게 모르고 계시다가 뒤늦게서야 발견하시게 된 것이었다. 그때가 나는 4살, 동생은 2살이었다. 태어나자마자 바로 발견해도 모자랄 판에 나의 경우는 4년이나 지나서 알게 되었으니, '너무 늦은 것은 아닌가?' 하는 조바심까지 더해져 밀려오는 절망감과 두려움은 더욱 크셨으리라 짐작된다.

앞서 말했듯이 병원에서는 보청기만으로 재활을 기대하는 것은 불가능에 가깝다고 못을 박았다. 그저 앵무새처럼 거액의 인공와우 수술비를 준비해오라는 말뿐이었고, 지금처럼 청각 전문 센터가 있는 시절도 아니었다. 그래서 결국 애화학교 유치부로 자식을 보내는 것 외에는 다른 길이 없었을 것이다.

그도 마음을 놓을 순 없었다. 애화학교 유치부에서 재활 치료를 시작한다고 한들 나중에 말을 할 수 있을지는 예상할 수 없었기 때문이다. 결과에 대해 아는 사람도 관련 정보가 있었던 것도 아니었다. 그런데도 나와 동생은 어쩔 수 없이 수년간의 언어치료를 해야만 했다. 흔히 말하듯 지푸라기라도 잡자는 심정이었을 것이다. 그로 인하여 내 어머니의 인생에서 30대는 통째로 사라져버렸다. 장애가 있는 어린 자식을 둘이나 챙기느라 다른 것은 아무것도 하실 수가 없었을 테니.

아버지도 마찬가지였다. 자식들의 치료비를 벌기 위해 항상 바쁘셨다. 아버지께서는 결혼 초반에 대형 학원에서 수학 강사로 일하셨는데, 수입을 늘리기 위해 곧 학원에서 독립하고 프리랜서로 과외를 하러 다니셨다. 과외라는 특성상 밤늦게까지 바쁠 수밖에 없고, 방학이나 휴가도 따로 가지기가 어렵다. 하지만 아버지께서는 나와 내 동생의 치료비를 벌기 위해 최대한 일을 많이 하셔야 하므로 본인의 휴식 시간도, 우리와 함께 보내는 시간도 거의 갖지 못하셨다.

그래서인지 나에겐 어릴 때부터 성인이 되기까지 아버지와 함께 만든 추억이 거의, 아니 전혀 없다. 그만큼 많이 바쁘게 살아오셨고, 성격도 엄청 무뚝뚝하셨기 때문에 우리와 살갑게 놀거나, 대화를 나누는 평범한 모습들은 우리 집에서 볼 수 없었다.

Chapter 1 | 나의 장애 이야기

나의 부모님 : 분홍빛 성찰

나름대로 힘겨웠던 청소년기의 하루하루도 꾸역꾸역 스쳐 지나가고, 어느새 나도 성인이 되었다. 성인이 되니 자주 부모님의 처지를 생각해보게 되는 것 같다.

내가 어릴 때는 아무것도 모르는 철부지였고, 청소년기에는 괴로움이 컸기 때문에 부모님의 심정에 대해서 헤아려 본 적이 단 한 번도 없었던 것 같다. 이렇게 성인이 되어서 지난 세월을 가만히 돌아보면, 감사의 마음이 밀려와 한 번씩 가슴 깊은 곳에서 눈물이 올라오곤 한다.

여자 나이 30대는 한창때의 나이대이다. 자신을 꾸미고, 맛있는 것도 즐기고, 재미있는 일도 찾아 해보는 등 많이 느끼고, 경험하고 싶은 그런 인생의 활기로 가득한 여름 같은 나이대이다. 일찌감치 결혼해서 아이를 키우더라도 아이 엄마들끼리 모여서 카페에서 수다도 떨고, 쇼핑도 하고, 가끔 여행도 한 번씩 다니면서 젊음을 만끽할 나이대인 것이다. 하지만 내 어머니께서는 그럴만한 시간도 여유도 없으셨다. 청각장애가 있는 아이를 둘이나 키우는 것은 거의 아이 대여섯 명을 키우는 것과 맞먹는 힘이 들기 때문이다.

아버지도 그렇다. 나는 어릴 때 너무나 멀게 느껴지는 아버지의 모습이 싫었다. 조금만 더 살갑게 해주시면 되는데 너무 무뚝뚝하셔서 늘 먼 거리감이 느껴졌기 때문이다. 아버지에 대해 서술해보라고 하면, 딱히 뭐라고 표현하기 조금 애매한 구석이 있다. 권위적이신 것도 아니고, 그렇다고 강압적이신 것도 아닌 그저 성공 주의자(?)라고 말해야 할까? 성공하려면 의대에 가야 하고, 변호사가 되어야 하는 등

이러한 주의를 가지고 계신 분이시다.

그런데 어느 날 곰곰이 돌이켜봤더니, 언제나 각 시절에 맞는 시대적인 분위기 혹은 시대적인 정신 같은 무형의 정서가 있다는 생각이 들었다. 요즘은 어린 자녀들을 둔 아빠들이 정말 열심히 아이들과 함께하는 모습을 어디에서건 흔히 볼 수가 있다. 하지만 나의 아버지가 나와 동생을 키우시던 시절에는 아버지란 존재는 자녀들과 살갑게 놀아주어야 한다는 사회적인 요구가 거의 없었던 것 같다. 지금처럼 맞벌이가 일반화된 시기도 아니었고, 아버지의 역할과 어머니의 역할은 분명한 구분이 있었다.

그 시절의 아버지들은 집안의 가장이라는 막중한 책임감 하에서 집안의 경제적인 안녕을 위해 모든 에너지를 바칠 수밖에 없었다. 그렇게 골똘히 앉아 생각하며 전체적인 그림을 그려보니, 나의 아버지를 많이 이해할 수 있게 되었다. 결과적으로 아버지께서 열심히 일하신 덕분에 나와 내 동생은 부족함 없이 치료를 잘 받았고, 학교 또한 잘 다닐 수가 있었으니 그것만으로도 너무나 감사한 일이 아닐 수 없다. 다시 생각해봐도 짠하지만, 아버지는 돈만 벌어오는 기계 같은 느낌으로 내 기억에 남아 있다. 그 시대 아버지들이 대개 그렇듯이.

나는 결코 나의 부모님처럼 희생만 할 수는 없을 것만 같다는 생각이 든다. 너무 힘들어서 나와 동생에게 화를 내시거나 때로는 짜증을 내시거나, 아니면 두 분이 서로 다투는 일도 얼마든지 일어날 수 있었을 것이다. 하지만 부모님께서는 단 한 번도 우리에게 화나 짜증을 내신 적도 없었고, 우리의 장애 문제로 인해 다투신 적도 없었다.

오히려 어머니는 과할 정도로 관대하셨다. 원래 성격이 상냥하신 편인데, 학교 공부에 관련해서 필수적인 것 이외에는 별다른 잔소리를 거의 하지 않으셨다. 내가 무슨 이야기를 하든지 하고 싶으면 하라고 허용해주시는 편이었다. 언젠가 대학 시절, 여름 방학 내내 거의 매일 PC방에서 게임을 하다가 새벽쯤에 들어오곤 했는데도 이상하게 잔소리하지 않으셔서 의아하기까지 했었다.

시간이 꽤 지난 후, 나는 어머니에게 왜 그렇게 방임하듯이 내버려두셨는지 물어본 적이 있다. 어머니는 안 그래도 장애가 있어서 다른 아이들처럼 많은 경험도 하지 못했고, 많이 놀지도 못했는데, 무엇을 하지 말라는 잔소리는 차마 하실 수 없었다고 하셨다. 즉 게임이든 무엇이든 하고 싶은 것을 실컷 해보라는 마음이셨던 것 같다. 비록 그것이 사회적으로 효용이 없는 게임일지라도 말이다. (물론 요즘은 게임이 직업이 되기도 하지만 나의 경우 그럴 가능성은 제로였다.)

아버지도 어머니와 마찬가지로 간섭하거나 잔소리하시는 경우가 별로 없으셨다. 물론 원체 바쁘셔서 얼굴을 마주하기가 어려웠던 것도 사실이다. 연예인도 아닌데 아버지를 만나는 일은 좀처럼 쉬운 일이 아니었다. 특히 아버지는 자식들이 장애를 가졌다는 사실에 아무런 거리낌이 없으셨다. 물론 처음에는 마음이 매우 아프셨겠지만, 장애가 기정사실로 된 이후에는 전혀 그런 감정을 비치지 않으셨다.

"장애가 있는 것을 부끄럽게 생각하지 말고 당당하게 행동하거라." 아버지가 나에게 늘 하시던 말씀이다. 그리고 남들에게 숨기지 말고 먼저 장애를 가지고 있음을 이야기하라고 말씀하셨다. 그래야 불필요한 오해가 생기지 않기 때문이다. 그 덕분에 나는 어릴 때부터 장애가 부끄럽다고 생각해본 적은 거의 없다. 그저 불편했을 뿐이다. 조금 많이 불편해서 문제지만.

부모님의 입장에 서서 차분히 지난날을 되돌아보니, 차갑고 삭막한 회색빛 기억이 서서히 따뜻하고 포근한 분홍빛 기억으로 변하는 것 같은 감정이 느껴진다.

나의 부모님 : 초록빛 희망

아무래도 아들이라서 어머니에 관한 이야기를 많이 하게 되는 것 같다.

특별하게 태어난(?) 두 아들 덕에 내 어머니의 젊은 시절은 눈물로 얼룩져 있다. 더욱이 우리 집은 가정형편이 넉넉하지도 않았다. 우리 네 식구는 도봉구 쌍문동에 있는 23평짜리 낡은 아파트에서 살았는데, 방은 고작 두 개뿐이었다.

부모님은 나와 동생에게 방을 하나씩 내어주셨다. 당연히 남은 방이 없으니 두 분은 거실에서 생활하셔야 했다. 어린 우리에게 방을 다 내어주고, 불편함을 감수하신 것이다. 나와 동생이 대학에 진학할 때까지 부모님의 거실 살이는 십 수년간 계속되었다.

방이 두 개면 부부가 하나를 사용하고, 다른 하나는 아이들이 사용하는 것이 보통이다. 하지만 나의 부모님은 달랐다. 죄송스러운 마음에 아직도 여쭤보지 않았지만, 짐작해보면 그 또한 오로지 우리가 학업에 집중할 수 있게 하기 위한 배려였을 것이다. 부모님은 열악한 상황에서도 두 아들을 위해 희생하는 것이 가장 나은 선택이라고 판단하셨을 것이다.

아마도 그 전엔 열악을 넘어 절박하셨을 것이다. 갓 결혼하시고 한창 신혼의 단꿈을 꾸어야 할 시기였는데 몸을 누울 수 있는 집이 없어 2년 정도 이모네 집에 얹혀산 적도 있었으니 말이다. 그때는 마치 새 둥지와도 같은 방 한 칸에서 우리 가족 네 명이 옹기종기 함께 먹고 잤다. 그만큼 우리 집의 경제적인 형편은 좋지 않았다.

이토록 어려운 여건 속에서도 나와 동생은 꾸준히 청각과 관련된 치료를 받았고, 학업을 하면서도 별다른 부족함을 느끼지 못했다. 다른 것은 몰라도 이 두 가지만은 철저하게 뒷받침해주셨다.

나는 지금껏 살며 집에 대해 상의 나누는 부모님을 한 번도 본 적이 없다. 더 크고 좋은 집에 살고 싶다든지, 더 좋은 동네로 이사를 하고 싶다든지 등이 그것이다. 일절 그런 말씀은 입 밖에 꺼내지 않으셨다. 집이란 것은 인간이 살아가는데 가장 기본적인 요소가 아닌가? 그런데 어머니께서 단 한 번도 집 이야기를 안 하셨다는 것이 신기하기까지 하다. 말은 해볼 수 있는 것 아닌가?

지금 나의 보청기 센터는 이제 꽤 안정적으로 운영이 되고 있고, 동생은 서울대학교를 졸업 후 박사과정을 밟으며 꿈을 키워가고 있다. 요즘은 멋지게 각자의 자리를 다져가는 아들 둘을 보며 어머니의 마음이 많이 편안해지신 편이다. 모임에 나가서 어깨에 뽕도 조금 집어넣으실 수 있을 정도라고 할까?

내가 센터를 오픈한 지 5년 차에 접어들어 수입이 조금씩 생기기 시작하니, 이제야 어머니께서 집에 대한 말씀을 한 두 번 하셨다. 이사를 하고 싶다는 것이었다. 긴 세월을 이렇게 좁고 낡은 아파트에서 사시느라 얼마나 불편하고 마음이 무거웠을지 가늠이 된다.

어머니는 내가 생각하는 것 이상으로 힘겨우셨을 것이다. 나에겐 새로운 목표가 있다. 그것은 부모님께 지금의 집보다 더 좋은 집을 장만해드리는 일이다. 고생하신 부모님을 위해 효자 아들이 준비한 선물이라고 하면 적당할 것 같다. 특히 동생보다 먼저 치고 들어가야 한다. 왜냐하면 나는 동생을 사랑하니까.

Chapter 1 | 나의 장애 이야기

(절대 내가 먼저 인정받고 싶은 마음은 아니라고 주장하는 바임)

나에겐 여전히 지난 인생보다 남은 인생이 많다. 또한, 다행스럽게도 출발이 그리 나쁘지는 않다. 5년 뒤, 10년 뒤에도 우리 아들 잘나간다는 이야기를 마음껏 하실 수 있는 사내자식이 되어야겠다.

청각장애인의 교육에 관한 생각

청각장애인은 어떤 코스로 교육받는 것이 가장 좋을까? 나의 경험을 기반으로 이 책을 통해 내 생각을 조심스레 전하고 싶다. 청각장애가 있는 아이를 둔 부모님들의 걱정과 불안은 내가 그 누구보다 잘 헤아릴 수 있다고 자부하기 때문이다.

언급했듯이 나는 청각장애 특수학교인 애화학교 부설 유치원에 다니다가 초등학교부터는 일반 학교로 옮겨서 학교에 다녔다. 당시에 언어치료를 통해 말을 구사할 수 있게 될 가능성은 불확실했다. 하늘이 도운 것인가? 나는 천만다행으로 조금 어눌하지만, 정상적인 범위 내에서 말을 할 수 있게 되었기 때문이다. 참고로 요즘은 언어치료 수준이 굉장히 좋아졌다. 어지간하면 나처럼 일반 학교에서 학업 할 수 있는 상황이 되었다는 점을 먼저 알리고 싶다. 이에 지금부터 하는 이야기는 일반 학교에 다닌다는 가정하에 하는 말이다.

나의 경우, 초등학교는 그럭저럭 다닐만했다. 한 마디로 수업의 수준이 그리 높지 않아서 청각장애가 있어도 충분히 다른 아이들과 대등하게 진도를 맞출 수가 있기 때문이다. 그런데 문제는 중고등학교이다. 나는 청각장애가 있는 아이들이 일반 중고등학교에서 비장애인 아이들과 함께 공부하는 것은 한계가 꽤 있다고 생각한다. 물론 개인적인 상황이나 관점의 차이가 있겠지만, 적어도 내 경험상으로는 어려운 상황들이 꽤 많았다.

이유는 초등학교와는 전혀 반대의 상황이기 때문이다. 즉 수업의 수준이 현저히 높아지므로, 청각장애가 있다면 그것을 따라잡는 것이 절대 만만치 않다. 선생님의 입 모양을 보면서 꾸역꾸역 수업을 들을 수는 있겠지만, 선행학습을 하지 않으면 수업 내용 대부분을 놓치게 된다. 한마디로 외국어를 듣는 느낌이라고 이해하면 될 것 같다. 그만큼 잘 들리지 않고, 잘 이해되지 않는다.

그래서 나는 많은 시간을 사교육에 의지할 수밖에 없었다. 물론 내 동생도 마찬가지이다. 학교 수업은 도저히 따라잡을 수가 없어서 그 공백을 따로 과외를 받으며 메꿨다.

고등학교 진학 후, 선생님께 집에서 공부하겠다고 말씀드렸다. 방과 후 수업 자체가 무의미했기 때문이다. 수업을 들어도 잘 들리지 않아 수업 내용 대부분을 놓치게 되므로 나에겐 불필요한 존재였다. 그런데 학교와 약간의 마찰이 생겼다. 선생님께서 조금 오해를 하신 모양이다. 공교육의 틀인 학교에서 가르치는 수업이 수능에 도움이 되지 않아 혼자 공부하겠다는 의미로 받아들이셨던 것이다.

선생님께서도 나의 장애를 알고는 계셨지만, 내가 어느 정도 수준으로 들을 수 있는지는 정확히 이해하시기란 어려울 것이다. 그저 내가 보청기를 끼고 있으니 다 잘 들릴 것이라고 막연히 생각하셨던 것 같다. 만약 내가 공부를 엄청나게 잘했다면 어느 정도 양해가 되었겠지만, 나는 그다지 우등생도 아니었다.

내가 경험한 바로는 청각장애가 있을 때는 대략 중학교는 2~3학년 때부터, 고등학교는 3학년부터는 학교에 있는 시간이 그저 '앉아만' 있는 시간에 불과하다고 어느 정도 기준점을 내릴 수 있을 것 같다. 차라리 그런 무의미한 교과 과정을 벗어나서 내가 할 수 있는 방식대로 원하는 부분을 공부하며 시간을 투자했다면 어땠을까? 나는 훨씬 더 많은 것을 배우고, 3~4년이라는 결코 짧지 않은 시간을 훨씬 알차게 보낼 수 있었으리라 생각한다.

현실적인 차원에서 교육이란 무엇인가라는 문제를 고민해보지 않을 수 없다. 한국 사회에서 정규 교육의 궁극적인 목적은 결과적으로 좋은 대학교에 가는 것이다. 좋은 대학에 간다는 것은 다시 좋은 직장에 취업할 수 있다는 것과도 같다. 좋은 직장에 들어가는 것은 안정적인 수입과 더불어 사회적인 능력과 필요성을 가진 사람이 되고자 하는 것이 아닌가? 그런데 청각장애가 있다면 이러한 교육의 목적에 전혀 적합하지 않은 상황을 견뎌야만 하는 것이다.

나는 지금까지 주어진 정규 교육을 모두 다 받았지만, 현실적인 벽에 부딪혀서 일찌감치 취업을 포기할 수밖에 없었다. 그래서 나는 21살 때부터 창업하기로 작정한 것이었다. 차라리 중학생 때부터 창업을 위한 커리큘럼을 짜서 이에 맞추어 공부하고 준비해 나갔다면 어땠을까 하는 후회가 늘 나를 사로잡는다.

그런데 청각장애인이 창업을 목표로 교육을 받을 수 있는 길이 흔히 있는 것도 아니다. 정말이지 어려운 문제이지만, 요즘은 기술의 발달과 더불어 사회적인 여건이 많이 좋아진 시대이기도 하다. 이에 만약 내 아이가 청각장애를 앓고 있다면 대학과 취업을 목적에 둔 정규 교육 외에도 여러 다른 길을 충분히 찾아보고 고민해보는 것이 아이의 행복을 위한 또 다른 선택이 될 수 있지 않을까 생각한다.

한편, 대안학교도 하나의 좋은 방법이 될 수 있으리라 생각한다. 최근에 나는 '거꾸로 캠퍼스'라는 대안학교를 알게 되었는데, 정말 내가 그토록 바라던 교육 방식이 그곳에 있었다. 거꾸로 캠퍼스는 학생 스스로 자신이 배우고 싶은 분야의 교육 커리큘럼을 설계하고, 이를 바탕으로 스스로 학습하고 스스로 문제 해결 능력을 키울 수 있도록 해주는 시스템을 가지고 있었다. 아마도 내가 중고등학교 시절로 되돌아간다면, 주저 없이 이 학교로 진학해서 정말 재미있게 공부했을 것이다.

일찌감치 취업을 포기하고 창업을 목표하여 지금의 보청기 센터를 열어서 운영해보니, 세상은 정말이지 너무나 빠르게 변화하고 있음을 체감하고 있다. 그러한 변화에 보폭을 맞추는 일은 만만치 않았다. 그래서 늘 이리 치이고 저리 치이면서 간신히 앞을 향해 나아가고 있는 것 같다.

결국 생존을 위해서는 변화하는 트렌드에 적절히 대응하는 능력이 가장 핵심적으로 요구된다. 과거처럼 오로지 전문성만을 내세우며 당당하게 프리미엄을 요구하던 시대는 이미 저물고 있다고 생각한다. 변화하는 시장을 빠르게 읽고 적응하며, 이에 맞춰 발 빠르게 준비해 나가는 사람들만이 경쟁에서 살아남고 있다.

나는 창업 직전까지 무엇을 어떻게 해야 하는지 정말 아무것도 몰랐다. 학교에서 이와 관련하여 배운 것이 없으므로 너무나 당연한 일이기도 하다. 이에 따라 현장에서 직접 부딪히고 내 돈 까먹어 가면서 '문제 발생 - 문제 해결'의 과정을 반복해야만 했다. 이런 힘든 과정을 거쳐 겨우 밥벌이할 수준의 문제 해결 능력을 체득하게 되었다.

창업을 목적에 두었던 내 입장에서만 보자면, 우선 중학교 때부터 대안학교에 입학하고 내가 좋아하는 분야를 스스로 선택해서 교육받았다면, 훨씬 능률적이고 주도적인 학습을 이어갈 수 있게 되며, 더 안정적으로 창업을 시작했을 것 같다. 안타깝지만, 장애는 취업에 엄청난 걸림돌이 되는 불합리한 요건임은 틀림없는 사실이다. 이에 굳이 이런 좁은 길로 찾아 들어가는 것 보다는 창업에 대한 길을 열어두고, 자신의 관심과 장점을 살려서 내가 잘 할 수 있는 일을 찾는 것이 훨씬 더 쉬우리라 생각이 든다.

자녀의 교육에 관한 부분은 신중에 신중을 다해서 숙고 끝에 결정해야 할 문제이다. 아이들과 많은 대화를 나눠보고, 곧 다가올 미래에 대해서 충분히 다양한 길을 모색해봐야 할 것이다. 그 숙고와 모색의 과정에서 나의 경험이 조금이라도 참고가 되길 바란다.

인공와우 수술 꼭 해야 할까?

청각장애를 극복하고자 방법을 찾고 있다면, 다음의 두 가지 선택지를 고려해볼 수 있다. 첫 번째는 보청기를 사용한 재활이고, 두 번째는 인공와우 수술이다. 여기서 인공와우 수술은 보청기를 통한 재활이 불가능하다는 판단에 이르렀을 때 선택하는 최후의 대안이다.

여러 청각 기관 중 소리를 들을 때 가장 중요한 기관은 '달팽이관'이다. 이 달팽이관 속에는 유모 세포(hair cells)라는 청각세포가 존재하는데, 외부의 소리가 달팽이관으로 전달되면 이 유모세포가 소리를 전기 신호로 바꿔서 뇌로 전달된다.

난청의 이유는 여러 가지로 나뉘지만, 대부분 이 유모 세포의 손상으로 인한 경우가 많다. 아쉽게도 현재까지는 손상된 유모 세포를 되살리는 의학적 방법이 없다. 그래서 보청기라는 도구의 도움을 받는 것이다.

이 또한 모두가 가능한 것은 아니다. 그나마 잔존 청력이 남아 있는 경우에만 보청기를 사용해서 도움을 받을 수 있는 것이다. 잔존 청력이 거의 없을 경우에는 보청기를 사용해도 효과를 기대하기 어렵다. 이와 같은 최악의 상황을 고려해 개발된 것이 바로 인공와우, 쉽게 말해서 인공 달팽이관이다. 즉 인공와우는 보청기를 대체하여 소리를 들려주는 기기이며, 수술을 통해서 달팽이관 내부에 인공와우 기기를 이식하게 된다.

인공와우 수술을 받게 되면 결국 남아 있던 잔존 청력마저 완전히 사라지게 된다. 따라서 수술 전에 인공와우가 꼭 필요한지, 예후가 좋을지 등 여러 가지 검사를 통해 확인하며, 신중하게 결정해야 한다.

이비인후과에서 인공와우 수술을 상담해보면, 교수님들은 대부분 간단한 수술이라고 말씀하신다. 중이염 수술보다 더 간단한 수술이니까 걱정할 필요가 없다고 말이다. 하지만 당사자로서는 전신마취를 해야 하고, 평생 자신의 귀 안에 임플란트를 심고 외부 장치까지 달고 살아가야 하므로 꽤나 큰 용기와 결심이 필요한 것이 사실이다.

우리 센터에 오는 아동 중에서도 청력이 정말 좋지 않아 어쩔 수 없이 인공와우 수술을 받아야 하는 경우가 있다. 나 역시 언젠가는 인공와우를 이식해야 할 청력이므로 은근히 걱정하면서 살고 있다. 인공와우 수술이 비교적 가벼운 수술에 속한다는 것을 머리로는 알지만, 막상 하려고 하면 정말 큰 결심이 필요하기 때문이다. 그래서 우리 센터에 오는 아동들이 수술 날짜를 잡았다는 말을 듣게 될 때마다, 가슴이 먹먹하고 씁쓸해지는 것은 여전히 어쩔 수가 없다.

센터에서 상담하다 보면 간혹 이런 오해를 접한다. 인공와우 수술을 받게 되면 모든 소리를 건청인처럼 잘 들을 수 있다는 것이다. 아마도 이비인후과 교수님께서 쉬운 수술이라고 설명하셨기 때문에 수술만 하면 만사 땡이라고 잘못 알고 계신 분들이 있는 것 같다. 완벽하고 이상적이면 좋겠지만 사실상 그렇지 못하다. 인공와우는 소음 속에서 말소리를 듣는 데에 있어서 보청기보다 더 취약하다는 것을 알아야 한다.

고심도 난청으로 인하여 보청기를 사용한 재활의 예후가 좋지 않다면, 인공와우 수술이 더 좋은 효과를 기대할 수 있는 방법이 된다. 단, 수술만 하면 건청인처럼 들을 수 있다는 의미가 아님을 꼭 인지하고 있어야 한다. 그래야 과도한 기대로 인한 실망을 하지 않을 것이기 때문이다.

이비인후과 교수님들이 인공와우 수술을 통하여 난청인들이 소리를 잘 들을 수 있게 해준다는 사명감을 가지고 계신 것은 분명하다. 하지만 청각장애인의 삶이 어떤지에 대해서 어느 정도의 관심이 있는지는 잘 모르겠다. 수술 후 재활의 과정을, 재활 후 청각장애인의 삶을, 청각장애인으로 사는 삶 뒤에 보이지 않는 그림자까지 세세하게 고려한다면 어떨까? 그렇다면 수술이 꼭 필요한지 조금은 모호한 청력을 가진 아이들에게까지 무조건 수술을 권유하기란 쉽지 않으리라 생각한다.

우리 센터에서 보청기와 인공와우 수술을 상담할 때, 나는 최대한 솔직하고 정확한 정보를 드리려고 최선을 다한다. 수술 후 어느 선까지는 명확하게 들을 수 있고, 어느 선까지는 명확하게 들을 수 없다는 것을 한 치의 과장이나 왜곡 없이 말씀드린다.

부정적인 이야기를 접하게 되면 부모님의 마음이 아플 수 있다는 점을 충분히 이해하지만, 정확한 정보를 통하여 가능성과 한계점을 정확하게 인지하는 것이 백번 천번 옳다고 생각한다. 그래야만 정확한 상황 판단 하에 받아들일 것은 기꺼이 받아들이면서 한계점을 극복해나갈 수 있기 때문이다.

인공와우 수술이 최선의 방법일지에 대한 고민을 우리 센터만큼 자신 있게 이야기해줄 수 있는 센터는 전국에 정말 몇 개 되지 않을 것이다. 세상만사가 다 그렇듯 장점이 있으면 단점도 있고, 단점이 있으면 반드시 장점도 따른다. 이런 점을 잘 헤아리셔서 결정하면 후회가 없으리라 생각한다.

Chapter 2. 나의 사업 이야기

시작점 : 취업이 어려워 선택한 창업

나는 대학에서 청각학을 전공하였다. 청각학(靑角學. Audiology)이란 청각에 관해서 연구하는 학문인데, 간단히 말해서 청각 및 청각과 관련된 질병을 연구하는 과학 분야를 의미한다. 실무적으로는 청력에 대한 진단, 청각장애에 대한 재활, 청각장애로 인한 의사소통의 개선 등과 관련된 일에 필요한 종합적인 이론을 배우는 학문이다.

다른 나라는 어떤지 모르겠지만, 우리나라는 졸업 후 대학 때의 전공과 무관한 분야를 선택하여 사회에 첫발을 내딛는 경우가 아주 많은 것 같다. 하지만 청각학과는 그런 경향이 조금 덜하다. 청각학과는 그 어떤 학과보다 취업 지향적인 학과이기 때문에 어지간하면 입학 당시부터 청각학과와 관련된 직업을 목표로 선택하기 마련이다. 물론 나도 고등학교 때부터 어렴풋이나마 보청기 센터를 운영하고 싶다는 생각이 있었고, 그래서 주저 없이 청각학과를 선택하게 되었다.

청각학과에는 나처럼 청각장애가 있는 선배님들이 몇 분 계셨다. 같은 장애를 가졌다는 이유로 정신적 공감대가 자연스럽게 형성되다 보니, 종종 식사도 같이하고 대화도 많이 나누곤 했었다. 취업에 관한 이야기도 주된 대화 주제였는데, 선배님들은 자신들의 장애 때문에 취업이 어렵다는 말씀을 자주 하셨다.

청각학을 전공하면 대부분 관련된 회사에 취업할 수 있다. 그런데 장애가 있으면 제아무리 청각학을 전공한들 관련 회사에서 받아주지 않았다. 업계에서는 장애가 있는 사람 자체를 원하지 않았던 것이다. 결국 그 선배님들도 전공과 무관한 곳에 취업할 수밖에 없었다.

대학생이라면 누구나 취업을 고민한다. 당시 나에게도 취업은 아주 큰 압박감이 느껴지는 벽과 같았다. 더군다나 장애가 있다 보니 취업에 대한 걱정은 남들보다 더욱 크게 다가올 수밖에 없었다. 장애가 있는 선배님들로부터 취업에 대한 고민을 들어왔던 터인지, 나는 일찌감치 취업에 관한 생각을 접어버렸다. 나는 무조건 내 보청기 센터를 열겠다는 목표만을 더욱 확고하게 마음에 품고 공부하며 준비했다.

당시에 아버지께서는 여느 부모님들이 그러하듯 내가 안정적인 공무원이 되길 바라셨다. 물론 나도 아버지 말씀을 듣고서 공무원으로의 진로에 대해 이런저런 생각을 해보았다. 공무원 시험의 난이도나 합격 여부는 둘째치고, 나는 공무원이 되려면 진심으로 사회에 대한 봉사 정신과 사람에 대한 따뜻한 공감 능력이 있어야 한다는 생각이 들었다. 그런 게 없이 안정적인 월급만 바라고 공무원을 한다면 분명히 너무 재미없고 지루해서 버티지 못할 것 같았다.

내가 그리 차갑고 사무적인 성격은 아니지만, 나는 공무원의 역할을 다하며 보람을 느낄 정도의 봉사 정신과 따뜻한 공감 능력을 갖춘 사람은 아닌 것 같았다. 공무원 시험에 합격하여 요직을 맡더라도 반복되는 일상에 지쳐 채 1년도 못 버티고 때려치울 것이 뻔했다. 그래서 나는 고민을 접고 공무원은 아예 머릿속에서 지워버렸다. 아무 열정도 보람도 없이 온종일 컴퓨터 앞에 앉아서 타자 치고, 서류 작성만 하면서 일생을 보내고 싶지는 않았다.

취업도 공무원도 아니라면 남은 것은 창업밖에 없다. 그래서 나는 창업을 생각하게 되었고, 내가 가진 장애를 오히려 장점으로 살릴 수 있는 보청기 센터를 생각한 것이다. 보청기를 생각하면 대부분 어르신을 가장 먼저 떠올리게 된다. 일반적으로 보청기는 나이가 들면서 청력 기관에 노화가 시작되고, 이에 따라 청력이 약해지면서 후천적인 요인으로 착용한다고 생각하기 때문이다. 그런데 나는 이왕 보청기 센터를 한다면 아이들을 위한 보청기 센터를 열어야겠다고 생각했다. 후천성 난청이 아닌, 나와 같이 선천성 난청을 앓는 유소아들을 위한 꽤 괜찮은 센터를 만들고 싶었던 것이다. '유소아 보청기!' 하면 곧바로 머릿속에 우리 센터가 떠오를 정도의 유소아 전문 보청기 센터. 그것이 나의 진정한 목표이다.

대학교를 졸업한 후에는 21살이 되던 해부터 구체적으로 꿈꿔왔던 계획을 실행해 나갔다. 종로의 허름한 상가에서 처음 열게 된 나의 첫 보청기 센터는 2년이 지난 후 송파구로 확장 이전하며 자리를 잡기 시작했다. 지역을 옮기는 과정에서도 정말 많은 고민이 뒤따랐지만, 이와 관련된 지난 이야기는 차차 풀어보기로 한다.

창업을 하려면 당연히 자본이 필요한데, 사실 나는 모아둔 돈이 없었다. 대학을 졸업하자마자 창업했으므로 창업 자금을 모을만한 기회도 시간도 없었다. 부모님은 무일푼에 소위 빽도 없는 아들, 하지만 충분한 사전 준비와 열정으로 가득 찬 아들을 믿으시며 큰 고민 없이 집을 담보로 대출을 받으셨다. 준비된 자금과 나의 강한 추진력이 콜라보를 이루며 일은 빠르게 진행되었다. 지면을 빌어 어려운 결정을 선뜻 내어주신 부모님께 감사의 말씀을 드린다.

창업한 지 벌써 5년이 지났지만, 돌이켜보면 무모한 도전이었다는 생각도 든다. 어려서 아무것도 모르고 돈에 대한 감각도 없었기 때문에 정말 무모했었던 것 같다. 하지만 좋게 보면 그러한 무모함이 결국 과감한 도전의 시작점을 만들었던 것과 같다. 만약 그때의 무모함이 없었다면, 이것저것 따지고 재느라 아마 창업이 엄청나게 느려졌거나,

창업 자체를 하지 못했을 것이 분명하기 때문이다.

　과감한 도전은 창업에 따르는 수많은 과정을 이겨내는 힘이 되었지만, 그에 따른 후폭풍 또한 만만치 않았다. 당시 나는 창업에 필요한 비용 마련을 위해 은행 대출을 받고, 마이너스 통장을 사용한다는 것이 어느 정도의 리스크를 유발할 수 있는지 전혀 인식하지 못했다. 너무도 당연한 것이 나는 한 번도 그런 큰돈을 만져본 적이 없는 이십 대 초반의 나이였기 때문이다. 하지만 새옹지마라고 수많은 대출 이자와 원금 상환의 후폭풍을 잘 받아내고 견뎌내면서, 나는 돈의 소중함에 대하여 격하게 깨닫게 되었다.

창업 준비 1 : 열정으로 시작한 첫 무급 인턴

　이 글을 읽는 당신이 21살이라는 어린 나이에 창업 전선에 뛰어들기로 마음먹었다고 생각해보자. 이제 어떻게 하면 좋을까? 아마도 처음이라 모든 게 막막했을 것이. 당시 내가 그랬듯이.

　나는 고민 끝에 일단 보청기 센터에서 하는 구체적인 업무들을 직접 몸으로 부딪혀보는 것 외에는 달리 방법이 없다고 판단했다. 그때는 보청기 센터를 운영하는 노하우를 알려주는 책도 없었고, 영상도 없었다. 관련된 최소한의 정보조차 얻을 방법이 전무한 실정이었다.

　결국에는 서울에서 조금 규모가 있다는 보청기 센터를 여기저기 알아보고, 그중에서도 괜찮다 싶은 곳을 골라 무작정 찾아갔다. 그리고 나는 씩씩하게 말했다. "안녕하십니까. 원장님! 제가 보청기 일을 조금 배우고 싶습니다. 돈은 안 주셔도 됩니다. 점심값만 주십시오. 최선을 다해서 일하겠습니다!"라고. 지금 떠올려봐도 당시의 나는 호기로 가득 차 있었던 것 같다. 원장님은 나를 한 10초 정도 가만히 바라보시더니 나에게 되물었다. "내일부터 나올 수 있어요?" 그렇게 나는 대학 재학 중 약 6개월간 무급 인턴을 하게 되었다. 나중에 원장님께 들어보니 당시 직원을 채용할 계획은 전혀 없었다고 한다.

　내가 보청기 센터를 찾아간 시기는 설날이 끼어 센터 일이 엄청 바쁜 시기였다. 그렇다고 짧은 명절 대목을 때우기 위해서 새로운 직원을 들이기도 부담스럽고, 도와줄 일손 없이 밀려드는 손님을 맞기도 버거웠다고 한다. 그래서 원장님은 때마침 찾아온 내가 내심 반가웠고, 나름대로 성실해 보여 선뜻 일을 맡겨보자 생각했다고 한다.

그렇게 출근하게 된 보청기 센터에서 나의 주 업무는 허드렛일이었다. 손님이 오면 인사하기, 안내하기, 기존 고객에게 안부 우편 보내기, 청소하기, 물품 정리하기 등의 일이 그것이다. 마치 중국 무협 영화나 소설에 등장하는 신출내기 주인공이 실력자 사부 아래서 청소부터 배우듯이 나도 그렇게 일을 시작한 것이었다.

허드렛일을 하면서도 어깨너머로 배우는 것들이 꽤 많았다. 원장님과 직원들이 손님을 어떻게 대하는지, 고객관리를 어떻게 하는지, 보청기 매출 상황이 어떻게 되는지, 또한 프로모션은 어떻게 하는지 등 피와 살이 될만한 중요한 배움은 결코 적지 않았다. 그리고 이러한 하드웨어적인 요소뿐만 아니라 소프트웨어적인 요소도 많이 배울 수 있었다. 즉 원장님께서 손님을 대하실 때 어떤 표정과 어법을 사용하는지, 보청기를 소개하고 테스트할 때 어떤 식의 행동과 제스처를 취하는지, 상담 과정에서 어떤 질문을 주로 던지는지 등 고객과의 커뮤니케이션 방법까지 배울 수 있었다.

비록 6개월간 허드렛일을 한 게 다였으나 나는 정말 최선을 다했고, 열심히 일했다. 항상 가장 빨리 보청기 센터의 문을 여는 사람이 나였고, 가장 늦게 문을 잠그고 나오는 사람이 나였다. 또한, 그 센터를 찾아오시는 손님 한 분, 한 분에게 최대한의 감동을 드리고자 나름대로 고민하고, 그에 맞춰 열심히 노력했다. 정중하고 친절하게 손님을 응대하기 위해 늘 집중했고, 자필 편지를 하루에 100장 이상씩 프린트해서 직접 우체국에 가서 부쳤으며, 센터 내부와 화장실은 정말 먼지 하나 보이지 않을 정도로 반짝반짝 윤이 나게 닦았다.

나의 노력하는 모습이 눈에 띄었는지 내가 일한 지 4개월쯤 되는 날 원장님은 나에게 센터를 맡기고 외출도 하셨다. 그즈음에 나는 청각학에 대한 지식은 당연하고 센터의 전체적인 업무를 다 파악하고 있었으며, 센터에서 판매하는 보청기들의 세부적인 내용에 대해서 거의 다 숙지하고 있었으므로 원장님은 나를 믿고 자리를 비운 것이었다.

'아. 열심히 하면 알아주는구나!' 처음으로 나에게 센터를 맡겼다는 것 하나로 나의 가슴 속에는 뿌듯한 감정이 차올랐다. 나에게 센터를 맡길 줄은 단 한 번도 생각지 못했기 때문이다. 나는 원장님이 복귀할 때까지 센터를 찾는 손님을 상대로 직접 기본적이고 일반적인 상담을 해볼 수가 있었다. 그리고 나의 첫 손님은 원장님의 더욱 전문적인 상담 과정을 거쳐 센터의 고객이 되었다.

무급 인턴을 하면서 한 가지 수확이 더 있다면, 내부에서는 절대 볼 수 없는 부분이 외부에서 들어온 나에게는 훤히 보였다는 것이다. 즉 이 센터가 어떤 부분을 더 개선해야 하는지, 상담 과정에서 무엇을 더 보완하면 좋을지 등의 보완점을 말하는 것이다. 이것도 훗날 내가 직접 보청기 센터를 오픈할 때 많은 도움이 되리라는 직감이 들어 뿌듯했다.

이 글을 보시는 분 중에서는 "그거 열정 페이 아니야?"라고 말씀하시는 분이 있을지도 모르겠다. 요즘엔 열정 페이라고 해서 무급으로 일하는 것을 굉장히 부정적인 시각으로 바라보기 때문이다. 물론 젊은 청년들 입장에서는 백번 천번 이해되는 부분이다. 사실 내가 한 것도 열정 페이였다. 하지만 나는 나의 필요로, 나만의 분명한 목적의식을 갖고 일했기 때문에 무급이라도 전혀 기분 나쁜 것이 없었다. 비록 무급의 인턴이었으나, 그 어린 나이에 보청기 센터의 전신을 배우고 몸에 익혔기 때문이다. 그래서 그런 열정 페이와는 조금 성격이 다르다고 생각한다.

한편, 일을 잘해도 문제이다. 그렇게 열심히 일해서 실력을 인정받고 원장님을 대리하다 보니 난감한 상황이 이어졌다. 원장님이 다른 센터의 원장님에게 내 이야기를 많이 하셨는지, 이 좁은 업계에 소문이 나버린 것이다. 그래서 가끔 다른 센터에 원정 대리(?)까지 가는 일이 종종 발생했다. 다른 센터의 원장님 몇 분이 갑자기 바쁜 일로 센터를 비워야 하는 곤란한 상황일 때마다 나를 부르곤 한 것이다. 어떨 때는 몸이 두 개라도 모자랄 정도로 너무 바빠서 난감했던 기억이 새삼 떠오른다.

그렇게 6개월간의 무급 인턴 과정은 나름 성공적으로 잘 마무리되었고, 나는 그 어디서도 얻지 못할 수많은 실전 경험을 쌓을 수 있었다.

창업 준비 2 : 아쉬웠던 두 번째 무급 인턴

첫 번째 무급 인턴 경험을 통해 참으로 많은 것을 배웠고, 자신감도 크게 부풀었다. 하지만 아직은 부족함이 더 많다는 것을 잘 알고 있었기에, 내친김에 다른 보청기 센터에 들어가 한 번 더 무급 인턴을 해보기로 마음먹었다. 이 역시 금전적인 소득은 없을 테지만, 그 시기의 나에게는 금전보다 경험치가 훨씬 더 필요했다. 특히 아직은 더 많은 자신감이 필요했다.

두 번째로 들어간 센터는 터치스톤이라는 사회적 기업이었다. 이 회사는 나름대로 나에게 큰 의미가 될 것만 같았다. 기대했던 만큼 처음 일했던 보청기 센터와는 완전히 분위기가 달랐다.

터치스톤은 장애인 보조공학기기 전문 사회적 기업이다. 내가 접했던 터치스톤의 대표님은 '장애인에게 불편함이 없는 사회가 곧 비장애인에게도 편안한 사회'라는 철학으로 꾸준히 청각장애인을 위한 청취 보조기기를 개발하는 데 노력을 바쳐오신 진정성 있는 분이셨다.

하지만 회사의 자금 사정은 생각만큼 좋지 못했다. 그 이유는 터치스톤의 주력 제품은 보청기가 아니라, 관공서를 대상으로 청취 보조기기를 납품하는 일이 핵심이었기 때문이다. 그래서 상당한 연구개발비가 필요했다. 즉 터치스톤은 일종의 스타트업과 같은 회사로서 아이디어를 제품화시키는 것이 중요한 목표였으므로 연구개발에 따른 지출이 큰 회사였다. 또한, 일반인이 아닌 장애인을 대상으로 하는 시장의 협소함으로 인하여 투자를 받는 것도 녹록치 않았다.

나는 처음 터치스톤에 입사할 때 무급으로 일하겠다고 의사표시를 했고, 6개월 동안 일한 이후에는 내 보청기 센터를 하나 차려주겠다는 대표님의 계획도 들었다. 그런데 회사 사정이 너무 안 좋아져서 그 계획은 무산되고 말았다. 대표님은 "1년만 더 기다려달라, 회사 사정이 나아지면 계획대로 하자."라고 말씀하셨지만, 나는 조바심이 나서 기다릴 수가 없었다. 최대한 빨리 경험치를 올리고 내 보청기 센터를 빨리 차리고 싶은 욕구와 계획이 내 마음속에 가득했기 때문이다.

그래서 결국은 약속된 6개월 후에 그만두게 되었다. 안타깝게도 이 회사에서는 이전에 보청기 센터에서처럼 일에 대한 경험치를 올리지 못했다. 내가 예상했던 업무와는 많은 차이가 있었기 때문이다. 결론적으로 나의 두 번째 무급 인턴은 별다른 성과가 없었고, 어쩌면 무의미했다고 말할 수 있을 것 같다.

터치스톤에서 일하면서, 인간이 아무리 계획을 잘 세워도 신은 그런 인간을 비웃는다는 것을 새삼 또 느끼게 되었다. 하지만 '성과 없음' 또한 궁극적으로는 좋은 경험으로 승화될 수도 있다고 생각한다. 어떤 길이 내 길임을 확인하는 것만큼, 어떤 길이 내 길이 아님을 확인하는 것도 똑같이 중요하기 때문이다.

후자의 길 역시 자신이 직접 경험해보지 않고는 절대 알 수가 없다. 무엇을 선택한다는 것은 다른 무엇을 버린다는 것과 같은 뜻이기도 하다. 그래서 '내 길이 아님'을 경험한다는 것은 '내 길'을 확인하는 아주 좋은 경험적 성과가 될 수 있다. 그런 의미에서 지금 돌아보면 터치스톤에서의 경험도 결국 내 삶에 있어서 충분한 자양분이 되었다고 생각한다.

작게 시작하기 : 지방 출장으로 나를 알리다

무슨 일이든 처음부터 너무 큰 규모로 시작하면 그만큼 리스크도 커진다. 일단 작게 시작해서 그에 따른 결과부터 확인하고, 무엇을 보완할 것인지 규모를 더 키울 것인지 등을 고민해보고 결정해도 결코 늦지 않다고 생각한다. 작게 시작해서 어느 정도의 성과를 만들어 낼 수 있는 사람은 규모를 키워도 역시 좋은 결과를 만들어낼 가능성이 크다. 만약 작게 시작했음에도 불구하고 좋은 결과를 도출해내지 못했다면, 규모를 키워서는 안 된다. 더 큰 실패를 경험할 가능성이 크기 때문이다.

이런 생각으로 나의 첫 창업은 최대한 작게 시작되었다. 아무래도 보청기 판매 경험이 전혀 없는 상태에서 사무실을 먼저 구하고, 좋은 인테리어까지 갖추어 센터를 여는 것은 위험성이 크다고 판단했다. 분명히 초기의 경험 부족과 미숙함으로 인하여 수많은 시행착오를 겪을 것이 자명해 보였다. 그런 상태로 손님이 우리 센터를 방문했을 때 제대로 상담해줄 자신이 없었다. 괜히 사무실 임대료와 유지비만 까먹게 될 것이 뻔했다.

언급했듯이 나에게 가장 시급하고 중요한 과제는 센터를 열기 전에 보청기 판매와 관련된 상담 경험을 축적하는 것이었다. 그러한 최소한의 경험치를 얻기 위해서 내가 선택한 것은 바로 지방 출장 상담이다. 센터를 열기 전 약 6개월간, 나는 이처럼 지방 출장 상담을 이어가며 상당한 경험을 쌓을 수 있었다.

6개월간 나는 청력검사기, 노트북, 보청기 장비 등을 캐리어에 넣고 부산, 포항, 대구, 천안, 강릉 등등 나를 불러주는 곳이라면 그 어디라도 마다하지 않고 달려갔다. 말하자면 전국구 출장이라고 해야 할까?

이런 출장 업무도 먼저 나의 존재를 알려야만 가능한 일이다. 이에 나는 주로 인터넷상의 맘카페 커뮤니티에 글을 올리며 나의 존재를 알렸다. 그랬더니 내 글을 보신 아이 엄마들이 자진해서 사람을 모아주셨다. 예를 들면, 부산에 계신 어떤 아이 엄마께서 5~10명 정도를 모으신 다음에 나에게 연락을 하는 것이다. 덕분에 한 번에 갈 때마다 되도록 많은 아이를 봐 줄 수가 있게 되어 상당히 효율적인 출장이 될 수 있었다. 5~10번 가야 할 것을 단 한 번에 해결할 수 있으므로 우려하던 적자는 나지 않았다.

당시에 나를 찾아주던 분들은 주로 개인적인 사정 때문에 직접 보청기 센터를 방문하기 어려운 분들이었다. 예컨대 지방에 거주하는데 보청기의 소리 조절이 필요한 청각장애 아동들, 선천적 청각장애를 안고 태어나 성인이 된 나에 대한 호기심과 동질감을 느낀 청각장애 아이들의 부모님들, 지병이나 노화 등으로 거동이 불편해서 보청기 센터까지 가기 어려운 어르신들이 대부분이었다.

지금도 지방에는 보청기 센터가 매우 부족한 실정이다. 그런데 그 당시에는 지금보다 더 부족했기 때문에 내가 직접 지방까지 출장을 가면 다들 너무나 고마워하셨다. 그래서 출장 업무의 90% 이상은 보청기 센터에 대한 접근성이 좋은 서울보다는 지방에 집중되었다.

남들과 다른 특이점이라면, 나는 출장비를 거의 받지 않았다. 사실 지방까지 출장을 다녀오면 내 주머니에 남는 건 겨우 밥 한 그릇 사 먹을 돈 정도뿐이었다. 그렇지만 부족한 나를 믿고 불러주신 것만으로도 나에게는 너무나 감사한 일이라고 생각했다. 그리고 보청기를 손봐 드리고 나면 너무 잘 들린다며 만족하셨기 때문에 정신적인 보람도 꽤 컸던 것으로 기억에 남아있다.

꾸준히 전국구 출장을 다니면서 서서히 나의 이름은 알려지기 시작했다. 또한, 본격적으로 창업을 하기 전에 온전히 실무 경험을 쌓을 수 있었기에 활력도 느껴졌고, 자신감도 점점 강해졌다. 막상 창업하고 센터를 운영하게 되면 여러 가지 이해관계에 얽히게 되어 스트레스도 받을 수 있고, 지출도 많이 생기겠지만, 출장을 다니던 시기에는 그런 것들을 전혀 신경 쓸 필요가 없었다. 그래서 정말 순수한 열정만으로 내가 가장 좋아하는 보청기 일에 전념할 수 있었다.

유소아 보청기 시장은 규모가 아주 작은 편이다. 국내 전체 청각장애인은 대략 46만 명쯤 되는데, 이 중에서 아이들은 1%도 채 되지 않기 때문이다. 그래서인지 나름대로 나의 이름을 빠르게 알릴 수 있었던 것 같다. 그동안 출장을 다니면서 미리 나의 이름을 알린 덕에 보청기 센터를 오픈하자마자 청각장애를 앓는 아이를 둔 부모님들이 많이들 찾아오셨다.

6개월간 이어진 출장 업무는 청각장애 아동을 키우는 부모님들의 심정을 잘 헤아릴 줄 아는 마음을 갖게 해주었다. 그런데 내 생각에는 부모님들이 센터 오픈도 하지 않은 나를 부른 것은 내 실력에 대한 믿음 때문은 아니었던 것 같다. 나란 사람이 도대체 누군지 궁금해서 불러 본 것이 크다고 생각한다. 아마도 부모님들은 청각장애를 안고도 버젓하게 성장해서 말도 잘하고, 사회생활도 잘 할 수 있을지에 대한 일종의 참고 모델이 필요하셨으리라 생각한다.

왜냐하면 대부분 청각장애 2급을 가진 20살 이상의 성인을 본 적이 없기 때문이다. 그래서 늘 자기 아이의 미래에 대한 두려움이 클 수밖에 없었을 것이다. 나라는 존재를 통하여 그러한 궁금증을 해소해 드림으로써, 부모님들이 느끼는 막연한 두려움을 어느 정도 사라지게 해드릴 수 있게 된 것도 나에게는 나름의 큰 보람이 되었다고 생각한다.

조금 재미있는 이야기를 하자면, 당시 20대 초반의 어린 청년이었던 점이 나에게는 제법 큰 마이너스 요인이었다. 아무래도 전문적인 분야에서 어린 나이는 경험이나 경력의 부족으로 비치기 때문이다. 특히 아이 부모님들은 아이한테 모험을 걸고 싶어 하지 않고, 안전한 것을 좋아하는 선호하는 경향이 있을 수 밖에 없다. 물론 나의 얼굴은 '그런 걱정은 넣어둬!'라고 나에게 큰소리를 쳤지만, 그래도 나이가 어리면 외모에서 티가 나기에 은근히 걱정하지 않을 수 없었다.

그래서인지 나는 출장 갈 때면 언제나 나만의 전투복(?)을 착용했다. 그것이 바로 고뇌에 찬 '오재훈이표' 아재 패션의 시초였다. 나의 전투복은 구질구질한 사오십 대 중년 느낌의 브랜드 옷들이었다 (절대 사오십 대 인생 선배님들을 비하하는 것이 아니다. 그저 나름의 고민 끝에 내린 결단이었는데, 돌아보니 참 어설프고 엉뚱하기만 한 기억이라서 조금 재미있게 표현해보고 싶었을 뿐). 그때는 뼛속은 물론 정신까지 아재가 되고 싶었던 것 같다. 다시 생각해보니 보이지 않는 속옷도 아재 느낌의 속옷을 입었고, 양말까지 아재 느낌의 양말을 신었었다. 보통 사람들은 이런 나의 깊은 뜻이 전혀 이해되지 않겠지만 말이다.

이런 모습으로 6개월 정도 열심히 지방 출장을 다닌 후에 또다시 6

개월 정도 부지런히 공부하며 준비하는 과정을 거치니, 이제는 창업해도 되겠다는 확신이 생겼다. 그래서 여기저기 자리를 알아보다가, 종로에서 나의 첫 보청기 센터가 대망의 문을 열게 되었다.

본격적인 시작 : 종로 센터 오픈

드디어 역사적인 날이 왔다.

2017년 하반기! 나는 그토록 바라던 창업을 실천에 옮겼다! 이날이 오기까지 장소 선정부터 인테리어, 그리고 홍보까지 수많은 우여곡절이 있었지만, 처음 센터를 열던 날은 내 기억 속에 대단히 의미 있는 날로 기억 속에 남아 있다. 하지만 날짜는 잘 기억나지 않는다. 아마도 날짜가 어떻게 흘러가는지 모를 만큼 너무 바쁘게 움직였기 때문인 듯하다. 대략 10월이나 11월쯤 되었을까?

보통 20대 중반에 자기 사업을 시작하는 경우는 매우 드물 것이다. 20대 중반이면 아직도 학교에 다니거나, 혹은 취업 준비를 하는 경우가 대부분이기 때문이다. 창업을 고민하고 있더라도 꽤 어린 나이이므로, 본격적으로 뛰어드는 경우 역시 보기 드물다.

하지만 나는 대학 때부터 계속 보청기 센터를 차릴 계획을 품고 하나둘 접근해 왔었다. 그러다 보니 졸업 직후 본격적인 창업 준비에 착수할 수 있게 되었고, 매우 빠르게 나의 보청기 센터를 열게 된 것이다. 어떻게 보면 나름 운이 좋았다고도 말할 수 있다. 어차피 창업할 바에는 될 수 있으면 최대한 빨리 준비해서 시행착오를 경험하는 것이 좋다고 생각한다. 매도 일찍 맞는 게 낫다는 옛말처럼 말이다.

나의 보청기 센터는 서울 한복판인 종각역 부근에 있었다. 나름의 유동 인구도 많고, 역사도 깊은 구역이었기 때문에 승산이 있다고 판단했다. 나는 이미 그곳에서 20년 이상 보청기 센터를 영업해왔던 기존 센터를 인수하는 방식을 취했다. 새로 차리지 않은 이유는 인수 과정에서 단계적으로 영업 노하우도 조금 배우고 싶었고, 이미 어느 정도 검증된 센터였기 때문에 내가 감수해야 할 위험성도 적다고 판단했기 때문이다.

    센터 인수에는 거금이 필요했다. 하지만 20대 중반이었던 나에게 그만한 자본금이 있을 리 만무했다. 그래서 부모님을 설득했다. 부모님은 이미 대학 때부터 차근차근 창업을 준비해온 나의 모습을 봐오셨고, 나의 계획과 목표를 여러 차례 말씀드렸었기에 나를 믿으셨는지 수락해주셨다. 나름대로 대학 생활을 착실히 해왔고, 청각장애인을 위한 아이디어로 참여한 공모전 경험, 두 차례의 무급 인턴, 지방 출장 등을 여러모로 경험하며 기본 자질을 갖추었다고 판단하신 듯하다. 부모님께서 흔쾌히 집을 담보로 9천 6백만 원을 대출받아 창업자금을 지원해주셨다. 나머지 부족한 금액은 그동안 출장과 아르바이트를 통해 틈틈이 모아놓은 돈과 친척분의 도움을 받아 충당했다. 그렇게 총 1억 5천만 원의 권리금을 주고 기존 센터를 인수하게 된 것이었다. 집안 형편이 넉넉하지 못함에도 나를 믿고 지원해주신 부모님께 다시 한번 더 감사의 말씀을 드린다. 아마도 나 같았으면 약 1억 원에 달하는 큰돈을 선뜻 지원해주지 못했을 것 같다.

    나는 센터 인수 과정에서 한 가지 조건을 걸었다. 그것은 바로 원장님이 요구하는 권리금을 한 푼도 깎지 않는 대신에 오픈 후 6개월간 함께 일 해주는 것이었다. 내가 이런 조건을 내건 이유는 그 당시까지 보청기 일에 대한 경험은 어느 정도 쌓았으나, 아직 보청기 센터의 운영과 효율적으로 이끌어가는 팁들을 잘 몰랐으며, 이에 일을 조금 더 배울 필요가 있다고 판단했기 때문이다. 나의 제안은 흔쾌히 받아들여졌고, 이러한 조건까지 포함한 포괄적 양도양수 계약은 문제없이 성사되었다.

　큰 기대감으로 문을 연 나의 첫 보청기 센터. 기대가 크면 그만큼 실망도 크다고 했던가? 내 예상과는 정반대로 흘러갔다. 일단 나의 기대와 달리 손님이 찾아오지 않았다. 심지어 기존부터 이 센터를 다니던 손님들은 아직 새파란 내 모습을 마주하고는 어색한 표정 혹은 조금은 의심스러운 표정을 지으며 되돌아가기도 했다. 또한, 예전에 지방 출장을 다니며 알게 된 분들의 소개로 찾아온 분들도 한 번 방문했다가 다시 오지 않았다. 대부분 상담만 받고 실제로 보청기 구매는 잘 이루어지지 않는 것이다. 어디서부터 잘못된 것일까?

　그럴 때마다 나는 좌절감에 휩싸이고, 고민만 쌓여 갔다. 제아무리 전공 지식을 갖추고 있다고 한들, 너무 이른 나이에 창업하다 보니 내 경력이 빤히 보여 신뢰가 가지 않았기 때문이다. 이 문제는 달리 해결할 방도도 없었다. 그저 빠른 피부의 노화를 기대하는 것 외에 무엇이 있으랴.

　장애아를 키우는 엄마들은 굉장히 신중하게 청능사를 고른다. 자기 아이가 장애가 있고 아픈데, 경력도 빈약한 청능사에게 맡기는 것은 도박과 같다고 생각하시기 때문이다. 나는 그런 장애아를 둔 부모님들의 마음이 충분히 이해되었다. 그래서 더 안타까웠다. 그 누구도 탓할 수도, 그 어떤 핑계를 댈 수도 없는 상황이었기 때문이다. 이렇게 나의 창업이라는 배는 바다가 아닌 산으로 가고 있었다.

　당장 뚜렷한 방법이 떠오르지 않아 무작정 더 열심히 일했다. 아마도 내 인생에서 가장 열심히 무언가를 했던 나날들이 아니었을까? 하루 평균 두세 시간만 자면서 내가 할 수 있는 모든 일을 다 한 것 같다. 어떻게 하면 한 분의 손님이라도 더 확보할 수 있을지 상담 기술에 관해 연구해보기도, 인테리어에 대해서 고민해보기도, 홍보 방법도 찾아보고 시도해보는 등 다각도로 노력해 나갔다. 그런데 수입도 거의 없어서 이러한 노력도 곧 한계에 다다르고 있었다. 그저 꾸역꾸역 견뎠다는 말 밖에 달리 할 말이 없다. 이 시기가 지금까지의 내 인생에서 가장 칠흑 같은 밤이었다고 말할 수 있을 것 같다. 자꾸 죽는 소리는 하고 싶지는 않지만, 그만큼 많이 고통스러운 나날들이었다. 대출금도 상환해야 하고, 임대료도 내야 하고, 직원 월급도 줘야 하고, 센터 운영에 필요한 여러 가지 고정비도 나가야 하는데, 수입이 너무 적으니 앞이 캄캄해졌다.

쥐구멍에도 볕들 날이 있다고 한다. 이삼 개월 정도 지나자 아주 아주 조금씩 상황이 나아지는 것이 느껴졌다. 비록 아주 소수였지만, 우리 센터에 방문하신 손님 중 몇 분이 입소문을 내주셨기 때문이다. 그 분들은 내가 어리다고 불신하거나 의심하지 않으셨고, 일단 나를 믿고 상담을 충분히 받은 후 보청기를 구매하신 분들이셨다. 상담도 친절하고 전문적이며, 보청기를 구매해보니 관련 서비스와 사후 관리까지 잘 해주는 것을 느끼고, 젊은 친구가 실력도 있고 성실하다고 믿어주신 것이다.

보청기 가격이 결코 만만하지 않았음에도 신참내기인 나를 믿고 구입해주신 분들 때문에 당시 나는 그나마 입에 풀칠은 할 수 있었다.

종로에서의 실패 요인 1 : 마케팅의 부재

열정으로 시작하고, 노력이 거듭되었으나 끝은 좋지 않았다. 야심차게 시작한 종로 보청기 센터는 결국 나에게 크나큰 고난을 안겨주었다. 한마디로 말해서 망.했.다.는 뜻이다. 그러나 제대로 해보지도 못하고 여기서 포기할 수만은 없다. 나는 2019년이 되던 해에 보청기 센터를 송파로 이전하고 재도전을 시도했다.

2년이나 운영했던 종로 센터는 왜 실패했을까? 여러 가지 이유가 있겠지만, 훗날 되돌아보니 대략 세 가지 이유로 압축할 수 있었다. 첫째, 마케팅의 부재였다. 나는 내 양심이 부끄럽지 않게 성실하게만 운영하면 최소한 중간은 가리라 기대했다. 그래서 단 한 번도 보청기 센터를 홍보하지 않았다. 둘째, 종로 보청기 센터를 인수할 당시에 기존 원장님과 전혀 예측하지 못한 마찰과 갈등이 발생했다. 셋째, 주먹구구식 운영이 문제였다. 짜임새 있는 시스템으로 운영해야 하는데, 나는 그 부분을 인식하지 못한 채 간과했던 것이 패착이었다.

이 글을 통해 종로 센터의 실패 원인을 복기해보려고 한다. 처음 창업하면 아무리 열심히 공부하고, 사전 준비로 철저히 무장했더라도 반드시 예상치 못한 난관에 부딪히게 된다. 이론과 실전의 차이라고 하면 적절할까? 다시금 위에 나열한 세 가지 문제점에 대응할 솔루션을 찾아 해결했는데, 그에 대한 회고를 통하여 창업에 관심이 있으신 분들에게 조금이나마 힌트를 드리고자 이 글을 쓴다.

나는 마케팅 없이도 얼마든지 센터가 잘 굴러갈 것이라는 어이없는 낙관을 하고 있었다. 이미 전공지식과 경험을 보유하고 있으며, 신규 오픈이 아닌 기존부터 운영되던 센터를 인수한 것이므로, 당연히 이곳을 찾아오던 손님들이 계속 찾아와주리라 생각했다. 하지만 이러한 예상은 빗나갔다. 센터 인수 후 6개월 동안 약 100만 원에서 400만 원씩 적자가 났다.

나중에 알고 보니, 종로 센터 인수를 검토하던 당시 기존의 원장님이 보여준 고객 차트에 기록되어 있던 고객의 대략 20% 정도는 돌아가신 분들이었다. 이 부분은 내가 전혀 예상하지 못했으니, 그저 나의 불찰이라고 말할 수 있다. 하지만 기존의 원장님이 이러한 객관적인 데이터를 나에게 전혀 고지해주지 않았으므로, 의도적으로 나를 속인 것이라고 볼 수밖에 없다. 돌아가신 분들까지 모두 포함해서 권리금이 산정된 것이기에, 나는 처음부터 소위 말하는 '덤터기'를 쓰고 시작하게 된 것이었다.

그래. 그건 그렇다 치자. 내 판단에서는 센터가 유동 인구가 많은 입지에 있었기에 사람들이 오가다가 간판을 보고 우리 센터에 찾아와 줄 것으로 생각했다. 또한, 청각장애가 있는 분들은 한정되어 있고, 그분들은 무조건 보청기 센터를 이용할 것이기에 즉 확실한 고정 수요가 있으므로 심각하게 걱정할 필요까지는 없다고 어렴풋이 생각했다. 이와 같은 이유로 나는 마케팅에 대한 필요성을 전혀 생각하지 않았던 것이다.

나름의 근거로 똘똘 뭉쳐진 패기(?)는 여지없이 나를 무너뜨렸다. 실상은 사업에 대해서 아무것도 모르고 기고만장했던 한 명의 청년에 불과했던 것이다. 사람들은 나를 몰랐다. 이곳에 보청기 센터가 있는지, 여기에 어떠한 열정을 가진 청년이 앉아 있는지, 심지어 그가 여기서 무슨 일을 하고 있는지도 몰랐고 알아주지도 않았다. 그저 나는 이곳 종로 센터에는 원래부터 고정 고객이 있고 그분들에게만 집중하면 된다는 지나친 낙관만 하고 있었다. 그러므로 애초에 마케팅이라는 단어 자체가 내 머릿속에 없었다. 마케팅에 대한 완전한 무지, 이것이 첫 번째 실패 요인이다.

마케팅은 아무리 강조해도 지나치지 않다고 생각한다. 예전에 스티브 잡스가 이런 말을 한 적이 있다. "애플은 광고비에 천문학적인 단위의 금액을 쓰지만, 사람들은 그것을 모른다."라고. '애플처럼 잘나가는 세계 초일류 기업도 사람들이 브랜드를 기억해주기를 바라면서 광고에 천문학적인 돈을 쏟아붓는데…'. 이 말을 듣고 나서 비로소 깨닫게 되었다. 나 같은 신참내기가 마케팅 하나 없이 사업을 이끌어 갈 수 있다고 생각하다니. 이 얼마나 어리석은 짓인가? 내가 뭐라고 가만히 앉아 있는데 사람들이 나를 찾아주겠는가 이 말이다.

한편으로 종로 센터 인수 후 초반에는 일종의 지나친 도덕주의 같은 것이 내 마음속에 자리잡고 있었던 것 같다. 나는 마케팅이라는 것이 왜곡과 과장을 통하여 소위 포장만 그럴싸하게 꾸며대는 것이라는 부정적인 인식이 강했다. 다시 말해 마케팅은 사람들을 속이는 것으로 인식했고, 그래서 더욱 거부감을 느꼈던 것이다. 그저 나는 본연의 내 모습을 보여주고 싶었고, 그렇게 하면 오히려 더 잘 되리라는 막연한 자신감이 있었던 것 같다.

그야말로 근거라고는 새끼발톱만큼도 찾아볼 수 없는 자신감일 뿐이었다. 물건을 팔려면 내가 어디서 어떤 물건을 파는지 사람들에게 알려야 하는 것은 장사의 기본 중의 기본이라고 할 수 있다. 또한, 내가 파는 물건의 가치를 드러내기 위하여 예쁘게 포장하는 것은 전혀 나쁜 일이 아니라 오히려 꼭 필요한 일이 아닌가.

사람으로 비유하자면, 다른 사람을 만나기 전에 깔끔하게 세수도 하고, 옷도 잘 차려입고, 머리도 정돈하고, 화장도 예쁘게 해야 하는 것과 같은 이치다. 부스스한 모습으로 '이것이 나의 본연의 모습이오!'라고 아무리 혼자 생각해봤자, 다른 사람들은 '당신 본연의 모습은 참 지저분하구려!'라고 생각할 수밖에 없다.

다시 과자로 비유해보자. 내가 초코칩을 파는데 '이 초코칩은 정말로 맛있으므로 잘 팔릴 거야.'라고 생각한다면 얼마나 우스운 일인가? 내가 파는 초코칩이 얼마나 맛있는지 다른 사람들에게 잘 설명하고 어필해야지 다른 사람들이 내 초코칩에 관심이 생겨 지갑을 열 것이 아닌가? 그래서 '촉촉한 초코칩'이라든지, '바삭바삭한 초코칩' 등의 홍보를 통해 내 초코칩의 존재와 가치를 알리는 것이 초코칩을 파는 사람의 기본이라고 할 수 있다. 그런데 나는 그런 것은 전혀 생각하지 않았다.

이러한 실패 요인을 통해 큰 교훈을 얻었다. 비단 마케팅의 중요성을 인식하게 된 것뿐만이 아니라, '열린 마음'의 중요성을 자각하게 되었다. 사실 내가 종로 센터를 오픈한 초기 시점, 주변의 지인들이 나에게 마케팅을 조금 해야 하지 않느냐는 이야기를 가끔 했었다. 하지만 나는 그 잘난 나의 본연을 지키기 위하여 그런 소리를 듣고도 한쪽 귀로 흘려버렸다. 그리고 결국에는 센터가 다 망해갈 즈음에야 나의 오만함에 대해서 인지할 수 있었다.

내가 마음을 열고 다른 사람의 이야기에 귀 기울였다면, 마케팅을 조금 더 긍정적으로 생각해보았을 것은 자명하다. 그랬다면 이런 실패를 경험하지 않고 성공적으로 센터를 운영할 수 있었을 것이다. 그래서 열린 마음은 사업에 있어 굉장히 중요하다. 특히 사업을 하는 사람이라면 자기 생각만을 고집할 것이 아니라, 주변 사람들의 조언을 충분히 자신의 것으로 소화할 수 있어야 한다. 내가 잘 보지 못하는 것을 주변에서는 더 잘 볼 수 있는 경우가 꽤 많기 때문이다. 혼자서 아이디어를 도출하는 것보다 여럿이 함께 고민하면 다양한 생각을 통해 더 나은 아이디어가 나오는 것과도 같은 맥락이다.

장기나 바둑을 둘 때를 예로 들 수 있다. 자기가 선수로 뛸 때는 전혀 보이지 않는 수가 옆에서 훈수를 둘 때는 훤히 보이는 경우처럼 말이다. 자신의 이익을 앞두어야 할 때나, 견해에 빠져 있으면 지혜를 잃게 된다. 하지만 열린 마음이 있다면 다른 사람의 지혜를 자신의 것으로 만들어 더 큰 이익을 얻을 수 있다는 중대한 사실을 이 일을 계기로 깨달았다.

이것이 내가 거론한 세 가지의 실패 원인 중 첫 번째로 중요한 요인이다. 두 번째 실패 이유를 설명하기 전에 구체적으로 나는 어떻게 마케팅 방법을 찾아서 난관을 극복했는지 간단히 언급하려고 한다.

나는 어떻게 마케팅 방법을 찾았나

앞서 말했듯이 나는 실패를 통해 마케팅의 필요성을 자각하게 되었다. 하지만 구체적으로 어떻게 마케팅을 풀어가야 할지는 여전히 모르고 있었다. 그래서 인터넷을 찾아보니 제시된 방법들은 너무 막연하게 다가왔다. 아는 것이 없기에 좋은 정보들도 머리에 잘 들어오지 않았던 것 같다. 또한, 관련 서적을 찾아보았더니 시중에 출간된 마케팅 책들이 많아 나에게 딱 맞는 책을 분별해내는 일도 쉽지 않았다. 그만큼 나는 마케팅에 대해서 철저히 문외한이었다. 당장 내 옆에 조언을 구할 만한 사람이 있으면 좋겠다는 생각뿐이었다.

하루는 강남역을 지날 때 내 눈을 확 사로잡는 포스터를 보았다. 그것은 지하철 광고 자리를 거의 도배하다시피 꽉 차지한 어떤 성형외과 광고였다. 원래의 나라면 그 성형외과 광고들에 아무런 눈길도 주지 않았을 것이 분명하다. 하지만 당시 마케팅을 고민하고 있었던 차라 그 광고들이 마치 태풍의 눈 속으로 빠져들듯 내 눈 속으로 확 빨려 들어오는 것처럼 느껴졌다.

'왜 지하철 광고 자리에 다른 광고는 어디 가고 이렇게 성형외과 광고들만 가득 채워져 있지?' 나는 강한 의구심이 생겼다. 게다가 강남역 지하철 광고라면 더 생각해볼 필요도 없이 가장 비싼 광고 자리임이 분명하지 않은가? 그렇게 생각을 거듭하다가 결국 성형외과가 돈을 많이 벌기 때문에 이렇게 비싼 자리를 선점할 수 있겠다는 생각에 도달했다.

그 순간 '음. 지금 바로 성형외과에 찾아가서 한번 물어볼까?' 하는 엉뚱한 생각이 떠올랐다. 하지만 성형외과를 찾아간다 한들, 그곳 원장님이 나를 만나주지도 않을 것이 뻔하지 않은가? 우선 혹시라도 주변에 성형외과에 근무하는 마케터가 있는지 수소문해보고자 마음먹었다.

수소문 끝에 지인을 통해서 성형외과에서 마케팅 업무를 하는 분의 연락처를 받게 되었다. 그 분은 '쁨○○○' 성형외과의 마케팅 총괄 이사님이셨다. 나는 그분께 연락을 드려 내가 처한 상황을 말씀드렸다. 지금껏 마케팅을 해보지 않아 우리 센터가 망해가는데, 불행하게도 나는 마케팅을 전혀 모른다고, 나에게 조언을 해주시면 정말 감사드리겠다고!

나의 딱한 사정을 들으신 이사님은 자기 집 근처에 찾아오면 조언을 해주겠다고 말씀하셨다. 이 말을 들은 나는 당장 옷을 주워 입고 그분의 집 앞으로 찾아갔다. 그리고 카페에 앉아 마케팅을 주제로 1대1 코칭을 받게 되었다. 다시 생각해봐도 왜 이사님이 나를 흔쾌히 만나주셨는지 이해가 가지 않는다. 아마도 내 처지가 딱해 보였는지 안타까움을 느끼신 것 같기도 하다.

지금 생각해보면, 그 이사님을 만나게 된 것은 신의 한 수가 아니었나 싶다. 세상 물정에 대해서 아무 것도 모르던 철부지 어린 아이가 이제야 세상을 조금 알게 된 느낌이라고나 할까?

이사님은 현재 성형외과에서 진행 중인 광고와 그 전략들에 대해서 상세하게 보여주시면서 설명해주셨는데, 광고가 이렇게 치밀하고 계획적일 줄은 꿈에도 몰랐다. 설명을 하나하나 새겨 들으며 '이건 성형외과라기 보다는 마케팅 회사에 가깝구나.'라는 생각까지 들었을 정노이다. 성형외과에서 시행하는 광고의 전략과 규모는 내가 예상하던 범위를 훨씬 벗어나 있었다.

그 뒤로 나는 그날 배운 마케팅 지식과 방법들을 우리 센터에 똑같이 적용했다. 결과는 어땠을까? 결과는 눈부실 정도로 아름다웠다. 정말 신기하게도 한 건의 문의도 없던 매장에 고객들의 전화가 오기 시작한 것이었다. 첫 문의 전화를 받으며 나는 마음속으로 울었다. 진정으로 가슴에서 알 수 없는 큰 감정이 파도처럼 밀려왔다. '아! 바로 이거야!'라는 감동이 나의 가슴에서 일어나서 나의 온몸을 휘감았다. 지금도 그때의 벅차오르던 감정을 생각하면 지구 인류에 대한 사랑이 샘솟는 것만 같다.

나는 우연히 마주친 성형외과 광고 덕분에 비로소 마케팅의 세계에 눈을 뜨게 되었다. 이후로도 문의 전화는 끝없이 울렸다. 그동안 모형 장식품에 불과하다거나, 전화기가 고장 난 것이 아닐까? 라고 생각했던 센터의 전화가 실제로 정상 작동되고 있음을 명명백백히 확인하게 된 것이다. 이 자리를 빌려서 일말의 의심으로 서운했을 전화에 진심 어린 사과의 마음을 전하는 바이다.

종로에서의 실패 요인 2 : 기존 원장님과의 마찰

종로 보청기 센터가 실패한 두 번째 이유는 기존 원장님과의 마찰 때문이다. 내 인생에서 가장 힘겨운 시기였다.

종로 보청기 센터를 인수할 당시 기존에 운영하시던 원장님과 나는 사업포괄 양도양수 계약을 맺었다. 사업포괄 양도양수 계약이란, 어떤 사업에 관한 모든 권리와 의무를 기존의 권리자가 새로운 권리자에게 양도양수 하는 것인데, 쉽게 말해서 기존의 업체를 통째로 넘겨받는 것으로 생각하면 된다. 예를 들어서 매장의 임대차에 대한 권리 의무와 매장에 있는 물건들에 대한 권리 의무, 매장에서 사용하는 피고용인에 대한 권리 의무, 그 매장과 관련된 채권·채무 등을 통째로 양도양수 하는 것이다.

물론 이 사업포괄 양도양수 계약 과정에서도 다른 일반의 계약과 마찬가지로 특약 사항을 정하여 포함할 것과 포함하지 않을 것을 약정할 수 있다. 이에 다른 개별적 계약 방식과 차별되는 장점이라면 부동산 관계, 고용관계, 채권·채무 관계 등 모든 사항을 원스톱으로 묶어서 처리할 수 있으므로 시간, 비용, 노력을 아낄 수 있다는 점이다.

이 계약 과정에서 두 가지 특약사항이 있었는데, 한 가지는 기존의 원장님이 근처에서 인-이어폰 제작 업체를 차리고 운영을 할 수 있도록 허용한다는 것이었다. 이것은 기존 원장님의 요구로 내가 수용하게 된 것이다. 다음 특약사항은 내가 걸었던 인수 조건이었는데, 센터양도 후 6개월간 기존 원장님이 무급으로 나와 함께 일하면서 센터 운영 전반에 대하여 조력을 해주는 것이었다. 그 이유는 내가 아직 실질적인 센터 운영 대한 경험이 없었으므로, 빠르고 안정적인 운영을 위해 기존 원장님의 조력은 필수라고 판단했기 때문이다. 결국 이러한 내용으로 계약은 잘 마무리가 되었다.

그런데 계약 당시에 한 가지 걸리는 부분이 있었다. 기존에 센터에서 일했던 직원들이 모두 기존 원장님의 친척분들이라는 것이다. 또한, 그 친척분들은 이렇게 센터가 양도양수 된다는 사실을 아무도 모르고 있었는데, 내가 계약을 하러 간 날 비로소 센터가 양도된다는 사실을 알게 된 것이다. 사업포괄 양도양수 계약이었지만, 직원들에 대한 권리 의무는 포함되지 않은 계약이었다.

계약 당일 이 사실을 알게 된 직원분들은 곧 여기를 떠나야 한다는 사실에 대해 불안해했다. 그리고 나는 왜 이런 사실을 나와 직원들에게 미리 말해주지 않았느냐고 서운함을 토로했다. 그제야 원장님은 직원들을 데리고 계속 일하면 안 되겠느냐고 나에게 부탁했고, 나로서도 센터를 운영하며 세세히 배워야 할 것들이 많았기에 불가피하게 수락하였다.

문제는 또 있었다. 운영 과정에서 주도권이 내가 아닌 기존에 일하던 직원들, 즉 기존 사장님의 친척들이 쥐고 있는 것처럼 흘러갔다는 점이다. 엄연히 이 센터의 대표가 나였음에도 불구하고, 의사를 결정하거나 일을 처리하면서 불필요한 잔소리나 간섭이 들어오는 상황이 빈번히 일어났다. 당연히 나는 이런 상황을 감내하는 것이 불편했고, 부당하다고 느꼈다.

아직까지 우리나라는 여전히 나이나 연공 서열을 중요하게 따지는 사회인 것 같다. 나이가 어리면 사회생활을 하거나 사업을 하면서 실제 심리적으로 불리한 상황이 많이 생긴다. 그 친척분들은 어린 내가 대표를 맡아 자신들에게 지시를 내리는 상황이 불편했을 것이다. 그래서 자꾸 어른 행세를 하고 싶었으리라 생각한다. 나의 경우에도 나보다 나이가 한참 많은 어른들과 소통한다는 것이 쉬운 일은 아니었다. 직원들은 신참내기인 나를 대표로 인정하지 않았는지, 여러 가지 잔소리나 간섭으로 불편한 상황을 만들었다.

수 개월간 함께 일하는 동안 좋은 관계를 만들기 위해서 나름대로 최선의 노력을 다했지만, 상황은 전혀 좋아지지 않았다. 어느 동네든 어느 분야든 텃새가 있듯이 기존의 직원들은 나의 의사 결정권과 영향력을 제한하려는 태도를 보였다. 왜냐하면 그들은 고용에 대한 불안을 크게 느끼고 있었기 때문이다. 6개월이 지나서 기존 사장이 떠나고 내가 온전히 센터의 대표로 자리 잡게 되면, 내 입맛에 맞는 새로운 직원들을 채용하게 되는 상황이 오리라고 생각한 것이다.

많은 고민 끝에 결국, 물갈이가 필요하다는 결론에 도달했다. 나는 그 친척분들에게 3개월 안으로 새로운 직원을 뽑을 예정이니 다른 일자리를 알아보라고 정중하게 말씀드렸다. 해온 게 있기에 그 누구도 나에게 거부 의사를 밝히진 못했지만, 그들은 기존 원장님에게 원성의 화살을 돌렸다. 냉정하지 못한 기존 원장님은 또다시 나에게 찾아와 새로운 요구를 했다. 자신이 친척들을 책임져야 할 것 같으니 자신이 보청기 수리를 할 수 있도록 허락해주면 안 되겠냐는 부탁이었다.

나도 마음이 어지간히 급했던 모양이다. 빨리 센터를 정상화하고 싶은 마음에 알겠다고 말씀드렸다. 그랬더니 얼마 뒤 또 다른 요구를 하셨다. 서울까지 올라오기 힘든 지방 고객들을 위해서 자신이 방문

출장 판매를 할 수 있도록 허락해 달라는 것이었다.

이 말을 듣는 순간 더는 양보하고 배려해서는 안 되겠다는 결론에 이르렀다. 센터 영업과 관련된 중요한 부분들을 다 양보하고 나면, 인수하는 것이 아무 의미가 없어지는 상황이 되기 때문이다.

끝내 나는 종로 센터를 인수하지 않겠다고 의사를 전했다. 나에게는 '겸업 금지 손해배상청구권'이라는 권리가 있었기 때문에 이 규정을 근거로 손해배상을 청구하거나 계약을 취소할 수 있는 권리가 있었다. 다행히 기존 원장님과의 긴 소통 끝에 합의를 할 수 있었다. 덕분에 권리금을 다시 돌려받고, 새로운 자리인 송파 센터로 보금자리를 옮기게 되었다.

결과적으로 이런 지난한 과정에서 기존 원장님이 많은 양보를 해주셨다고 생각한다. 자신도 그동안 함께 일하던 친척들을 배제하고 무리하게 양도를 시도했던 자신의 불찰에 대해서 많은 생각을 하지 않았을까 하는 짐작이 든다.

이러한 과정에서 나는 두 가지 교훈을 얻었는데, 그 첫째는 상황이 사람을 만든다는 것이다. 기존의 사장님은 악의적으로 나를 괴롭히기 위해서 그때처럼 무리하게 양도를 결정한 것은 전혀 아니었다. 그런데 친척이라는 제3자들의 인적 사항으로 인해 본인도 어쩔 수 없이 그렇게 할 수밖에 없었던 것이다. 둘째로 계약서가 중요하다는 점이다. 큰돈이 오가는 계약을 함에 있어서 계약서를 작성하고, 공증해놓는 것은 아주 중요하다고 생각한다. 나도 그렇게 했기 때문에 이 위기를 잘 이겨낼 수 있었다. 혹여 구두로 계약하더라도 최소한 녹음 정도는 해둬야 한다고 생각한다. 잘 아시겠지만, 쌍방 중에 일방이 녹음을

Chapter 2 | 나의 사업 이야기

인지하고 있다면, 그 녹음은 합법적인 증거물로 사용할 수 있다.

또 하나의 보너스 교훈이라면 직원은 되도록 나이대가 비슷하면 좋다는 것이다. 직원이 사장보다 나이가 많은 데다가 사장이 경험이 부족하면 직원은 기존에 자신이 일해오던 방식을 고수하거나, 사장을 가르치려고 하는 상황이 생길 가능성이 커진다. 아마도 이런 상황은 우리나라에서 흔히 경험할 수 있는 특수한 상황이 아닐까 생각도 든다.

인간은 자신이 가장 힘들 때 신을 찾게 된다. 나도 이 시기만큼은 절대적 존재인 신에게 기도를 올리기도 했었다. 그만큼 버겁고 괴로운 시간으로 기억에 남아 있다. 금전적인 측면에서는 권리금을 온전히 다 돌려받았으므로 특별히 손해랄 것까진 없었지만, 25살이라는 어린 나이에 감당하기에는 절대 수월치만은 않았던 2년여의 세월이었다. 앞서 '매도 일찍 맞는 게 낫다'라는 말처럼 이러한 경험을 통해 나이에 비해서 많은 경험치가 쌓이고, 멘탈도 강해졌다고 생각한다. 역시 음이 있으면 양이 있는 법인가 보다.

종로에서의 실패 요인 3 : 주먹구구식 운영

종로에서 실패한 세 번째 이유는 운영상의 흠결이다. 즉 센터의 운영이 시스템적이지 않고, 주먹구구식으로 운영했기 때문이다. 내가 말하는 주먹구구식 운영에는 두 가지가 있는데 하나는 사람의 문제이고, 다른 하나는 비용의 문제를 의미한다.

청각장애가 있는 분들이 보청기 센터를 결정하는 가장 큰 요인은 아마도 센터장일 것이다. 그만큼 자신들의 장애를 관리해줄 사람에 대한 신뢰가 중요하다는 뜻이다. 미용실에서 펌을 할 때도 디자이너에 따라 결과가 달라지듯이, 보청기를 맞출 때도 약간의 차이가 생긴다. 이는 무시할 수준의 소소한 차이로 보일 수 있으나, 청각장애가 있는 당사자에겐 매우 크게 느껴질 수도 있다. 전국 어느 보청기 센터라도 똑같이 보청기를 판매하지만, 그것을 관리해주는 사람에 따라서 주관적인 만족도는 큰 차이가 나기 때문이다.

미용실에서 머리할 때는 스타일에 관한 개인별 취향의 넓은 스펙트럼과 주관적 애호에 따라 만족도 차이가 날 것이다. 마찬가지로 센터에서 보청기를 맞추거나 관리받을 때도 소리를 듣는다는 일이 삶의 질과 크게 관련되어 있으므로 어쩌면 더욱 민감하고, 만족도 차이도 더 클 것이다. 그래서 보청기 센터를 방문할 때는 내 상태를 가장 잘 아는 사람에게 자기 귀를 맡기고 싶은 욕구가 저절로 생긴다. 지금까지 나를 돌봐준 사람이 사라지고, 새로운 사람에게 의지한다는 것은 당사자로서는 매우 모험적일 수밖에 없는 것이다.

내가 종로 센터를 인수했을 때, 기존의 원장님과 오래도록 두터운 관계가 형성되어 있던 고객들은 같은 센터에서 보청기를 새로 맞추거나 단순히 관리받는 일임에도 센터의 원장이 바뀐다는 것을 본질적인 부분의 변화로 느낄 수밖에 없었으리라는 생각이 든다. 물론 나도 청각장애를 앓고 있기에 이러한 정서적이고 주관적인 부분을 분명하게 자각하고 있었다. 하지만 당시에는 창업한다는 것에 마음이 들떠 이런 세밀한 부분까지는 생각도 못 했던 것 같다.

아울러 나이가 너무 어리다 보니, 기존 고객들이 나의 실력에 대해 더 큰 불신감을 가졌던 것 같다. 소위 머리에 피도 마르지 않은 어린 놈에게 센터가 넘어간다는 소식을 듣고, 기존의 손님들은 하나둘 이탈하기 시작했다. 종로 센터를 인수한 지 8개월쯤 되었을 때, 고객 목록을 정리해보니 기존 고객 중 30% 이상이 이탈했음을 파악할 수 있었다. 그것은 정말 크나큰 손실이 아닐 수 없었다.

그 후 이제부터 고객 관리를 어떻게 해야 할지에 대하여 심각하게 고민하기 시작했다. 보청기 센터에서의 고객 관리에 관한 책이나 논문이 나왔을까 싶어 샅샅이 찾아보았지만, 비슷한 것도 찾을 수 없었다. 그러던 중 인터넷 검색을 해보니, 정말 우연히 치과 직원들을 대상으로 하는 고객 관리 강의가 있음을 알게 되었다. 지금은 없어졌지만, 예전에 '어벤져스쿨'이라는 이름으로 진행되던 강의였는데, 실제로 현장에 계신 분들을 섭외해서 실무에 대한 구체적인 기법을 가르쳐주는 강의였다.

강의 커리큘럼을 살펴보니 실무적인 고객 관리에 대하여 아주 구체적이고, 효율적인 방법을 많이 담고 있다는 생각이 들었다. 내가 비록 치과 직원은 아니었지만, 치위생사인 척하며 그 강의를 들어보기로 하였다.

그렇게 강의를 들어보니, 내 상황과도 비슷하게 닮아 실질적으로 도움 되는 부분이 많았다. 물론 치과와 보청기 센터가 하는 일이 완전히 다르지만, 고객 관리와 응대 측면에서는 내가 당장 적용해도 될 만큼 서로 간에 접점이 많았다. 나는 강의를 통해 배운 내용을 바탕으로 나만의 아이디어와 우리 보청기 센터의 상황을 접목하여, 고객 관리에 대한 새로운 매뉴얼을 꼼꼼하게 마련할 수 있었다.

다음으로 비용 문제가 있었다. 여기서 말하는 비용은 인건비, 렌탈비 등의 고정비를 뜻한다. 기존 고객이 이탈하고 신규 고객 유입도 없는 난감한 상황에서 고정비까지 증가해버리면, 매출이 엄청나게 상승하지 않는 한 순수익에서는 항상 손해가 발생했다. 그래서 머리를 싸매고 고민한 결과, 나만의 돈에 대한 가치를 정의하는 공식을 발견할 수 있었다. 그것은 들어오는 돈 가치가 나가는 돈 가치의 10배에 해당한다는 사실이었다. 즉 지출 1이 발생한다는 것은 추가 매출 10이 발생해야만 메꾸어진다는 의미이다. 그래서 지출 발생 시 그 지출을 메울 수 있는 10배의 추가 매출 가능성을 먼저 예상해보며, 사업이 버거워지는 상황이 벌어지지 않도록 노력했다.

나는 위의 공식에 따라서 추가 지출이 불가피할 경우, 월평균 매출을 기준으로 증가한 매출의 10분의 1 이상은 쓰지 않는 것을 철칙으로 삼고 반드시 지켜나갔다. 예를 들어, 추가로 1만 원을 쓰고 싶다면, 10만 원의 추가 매출이 발생한 이후에 필요한 1만 원을 꺼내 쓸 수 있는 것이다.

보청기 센터를 운영하다 보면 장비의 고장이라든지, 인테리어 보수라든지, 심지어 상상조차 하지 못할 누수까지 미처 예상에 없던 추가 지출이 발생하기 마련이다. 고정비에 대한 나만의 관리 공식이 없었을 때는 무작정 그런 상황을 버티기만 했다. 나는 공간, 인력, 장비 등을 잘 세팅해 놓은 다음 잘 유지관리해가며, 고정비 지출 없이 잘 버티고 있으면 사람들이 알아서 찾아주리라는 근거 없는 기대에 마음을 기대고 있었던 것이다. 그로 인하여 손해는 계속 누적되었다. 돌아보면 소상공인 주제에 내가 무슨 대기업이라도 되는 양 무식하게 버텼던 것 같다.

하지만 내가 만든 공식을 따르자 추가 지출로 인해 갑작스럽게 소비되는 큰 비용에 유연히 대응하면서 적절하게 지출을 관리할 수 있었다. 물론 이 공식은 경영학적 근거를 바탕에 두고 있진 않지만, 내 경험상으로는 아주 효과적이었다. 그래서 지금까지도 이 공식에 따라 비용과 매출의 균형을 잘 유지하며 센터를 운영하고 있다.

송파에서의 재도전

나는 종로에서 실패의 쓴맛을 맛본 후 송파로 센터를 이전하였다. 송파 센터는 나의 두 번째 도전이라고 할 수 있다. 송파구에서 외곽에 자리를 잡았기 때문에 특별히 자리가 좋은 것은 아니었다. 하지만 지방에 거주하는 분들이 차로 방문을 하시기에 가장 편한 위치를 고민하다가 현재의 자리로 정하게 되었다.

다행히 종로에서의 시행착오를 통하여 마케팅을 통해 열심히 알리고, 고객관리는 물론 고정비 관리를 제대로 풀어가자 차츰차츰 손님이 늘며 매출도 안정적으로 발생하기 시작했다.

이러한 결과는 한 번의 시행착오로 아픔을 겪은 후에 이룬 성과라서 만감이 교차했다. 삶이라는 것은 결코 혼자 갈 수 없는 여정이라 생각한다. 물론 힘든 날도 있고 기쁜 날도 있겠지만, 그것이 힘듦이든 기쁨이든 함께 나눌 수 있는 사람이 없다면, 이는 결코 앞으로 나아가는 삶이라고 할 수 없을 것이다. 우리는 힘듦을 나눔으로써 좌절하지 않고 다시 앞을 향해 나아갈 수 있고, 기쁨을 나눔으로써 더 큰 동기를 부여받고 앞을 향해 더욱 열정적으로 나아갈 수 있기 때문이다.

성인이 되고서도 다시 한참이 지날 때까지 나 혼자 컸다고 생각하며 살았던 것 같다. 그러다 어느 날 문득 돌아보니 지금껏 성장하고 어른이 될 때까지 내 옆에 수많은 사람이 존재하고 있었음을 자각하게 되었다. 그래서 새삼 감사하고, 더 열심히 보람되게 살아야겠다는 다짐도 해본 적이 있다.

선천적으로 청각장애를 안고 태어날 경우, 비장애인들보다 훨씬 더 많은 보살핌과 도움이 필요하다는 것은 두말할 나위 없는 사실이다. 나는 이비인후과 교수님, 언어치료사 선생님, 청능사 선생님의 정성 한 스푼이 있었고, 학교 선생님, 특수교육 지원센터, 학원 선생님의 노력 한 스푼이 있었으며, 부모님의 희생과 헌신 백 스푼이 있었다고 생각한다. 이처럼 우리는 본인이 노력뿐만 아니라, 주위의 손길을 통하여 자기 자신을 완성해 나가는 것이리라.

어느덧 성인이 되어 목표로 하던 보청기 센터를 이렇게 하고 있다. 내가 여기까지 오게 된 것도 주변의 정성과 희생이 없었다면 불가능했으리라 생각한다. 부모님께서는 항상 받은 만큼 베푸는 삶을 살아야 하고, 잘 나갈수록 뒤를 돌아보아야 한다고 말씀하셨다. 이제부터 나는 내가 받은 것을 감사히 여기며 진심으로 베푸는 인생을 열어가고자 한다.

나는 매일 난청으로 어려움을 겪는 아이들을 마주하고 있다. 나 역시 그런 어린 시절을 겪으며 주변 사람들의 따뜻한 도움을 받았기에, 그 아이들에게 도움이 되는 따뜻한 사람이 되기 위해 더욱 치열하게 노력하고 있다. 이는 고난했던 삶의 여정 속에서 내가 혼자였다면 나는 지금 여기까지 올 수 없었음을 잘 알기 때문이며, 내가 받은 것들을 이 세상에 되돌려주어야 한다고 믿기 때문이다.

슬픈 바람

우리 센터를 찾아오는 손님층은 참 다양하다. 로컬 지역인 강남권은 물론 지방에서도 많이 찾아오고, 유소아 뿐만 아니라 어르신들도 많이 찾아온다. 예상했겠지만, 유소아 손님들은 거의 선천성 청각장애가 있는 경우이고, 어르신들은 노화로 인한 청각장애를 겪고 있는 분들이다. 또한, 지방에서 찾아오는 분들의 대부분은 예전에 내가 지방 출장을 다닐 때 맺은 인연으로 찾아오는 분들이다.

그중에는 경제적으로 부유한 분들도 있고, 그렇지 않은 분들도 있다. 통계상으로 보면 주로 송파구를 포함해 강남권에 사는 분들이 부유한 편이다. 경제적 여유를 가진 분들은 만나자마자 바로 느껴진다. 왜냐하면 칠팔백만 원이나 하는 보청기를 일시불로 구입하기 때문이다. 그런 분들을 뵐 때마다 나는 안도의 한숨을 내신다

나는 부자인 분들을 마주할 때마다 늘 알 수 없는 '느낌'을 받는다. 나를 무시하는 느낌은 분명히 아니다. 뭐랄까. '우리급은 아니다?' 이런 느낌인 것 같다. 나는 이런 느낌을 나쁘게 생각하지 않는다. 각각의 사람이 사는 모습과 가치관은 셀 수 없이 다양한 법이니까.

그런데 한 가지 생각은 분명하다. 그 생각은 다양한 손님들을 만나다 보면 가슴 속에 저절로 떠오른다. 그것은 바로 장애가 있는 아이들이 부유한 가정에서 자랐으면 좋겠다는 바람이다. 이유는 아주 단순하다. 장애가 있으면 돈이 많이 들기 때문이다. 그래서 기왕이면 부잣집에 태어나서 잘 케어받으면서 성장하길 바라는 마음뿐이다. 앞서 말했듯이 내가 부유한 분들을 만날 때마다 안도의 한숨을 내쉬는 것

은 그런 이유가 전부이다. '정말 다행이 아닐 수 없다'.

일부 지방에 사는 아이들은 보청기를 하러 서울까지 오기 힘든 경우가 많다. 한편 집이 가난해서 특수 학교인 애화학교를 다니는 아이들과 집이 부유해서 최고의 보살핌 속에 일반 학교를 다닌 아이들은 확연히 다른 모습을 보인다. 즉 같은 연령임에도 발음은 물론이고, 사회성에서도 정말 큰 차이를 보이는 것이다.

그런 현상들을 접하며 늘 이런 가정을 해본다. '이 아이들이 조금 더 풍요로운 환경에서 태어났으면 어땠을까?' 그리고 이런 바람을 가져본다. '이 아이들의 집안 형편이 지금보다 더 좋아지면 좋겠다.'

나는 지난 몇 년간 특수 학교에 보청기를 무료로 제공해왔다. 이는 돈이 없어서 보청기를 구입하지 못하는 아이들을 위해서이다. 마음 같아서는 그런 아이들 모두에게 무료로 보청기를 해주고 싶지만, 내 형편도 생각하지 않을 수 없다. 그래서 가정 형편이 안 좋은 아이들 순으로 1년에 두세 명 정도의 아이들을 선정해서 무료로 보청기를 선물하고 있다.

이 세상에서 경쟁은 필연적이라고 말하는 사람들이 있다. 내가 그 말에 대해 '옳다' 혹은 '잘못되었다'라고 말할 자격이 있는지는 모르겠다. 단 내가 만나는 아이들은 그들이 말하는 이 경쟁 사회의 출발선 상에서부터 불리한 조건을 가지고 있는 아이들이다. 누군가는 최고급 운동화를 신고 출발선에 서 있는데, 이 아이들은 다 헤어져서 바닥에 구멍이 숭숭 뚫린 운동화를 신고 서 있다. 그것은 결코 자신들의 의지도 선택도 아니다.

경쟁을 통해 나온 결과는 출발선상에서부터 시작해서 과정에 이르기까지 모든 요소가 공정할 때만 그 정당성을 확보할 수 있다. 그렇지 않다면 그러한 경쟁은 결코 공정한 경쟁이 아니라, 공정으로 포장한 불공정일 뿐일 것이다. 세상의 슬픔. 나는 그것을 안다. 그것도 모르고 어찌 기쁨을 알겠는가? 그조차 모르면서 기쁘다고 주장하는 사람들의 말을 나는 믿지 않는다. 하나를 알기 위해서는 반드시 그 반대쪽의 하나를 알아야 하기 때문이다.

명품 소리를 찾는 여정

수많은 유무형의 요소들이 이 세상을 채우고 있다. 소리 또한 마찬가지이다. 눈에 보이진 않지만, 지금 당신의 주변 곳곳에는 다양한 소리가 가득 채워져 있다. 볼 순 없지만 명백한 실체인 소리를 듣는다는 것은 우리 삶에 있어서 필수불가결한 요소 중의 하나임을 누구도 부정할 수 없을 것이다.

눈을 감아버리면 보이는 것이 사라지지만, 귀는 막는다고 해서 들리던 것이 사라지지는 않는다. 귀를 막더라도 내 몸에서 나는 심장박동과 다른 사물들의 존재는 진동이라는 더욱 본질적인 소리를 통해서 우리에게 전해진다. 이처럼 소리는 온 세상에 스며들어서 작용한다. 그만큼 소리는 보이지 않는 강력한 에너지적 실체이다.

우리는 태어나는 그 순간, 아니 엄마 배 속에 있는 순간부터 소리와 관계를 맺기 시작하여, 소리로 가득 찬 세상을 살다가, 소리의 멈춤과 함께 이 세상을 떠난다. 소리는 인간이라는 고도의 지능을 가진 존재의 인식 작용과 지식의 습득, 지능의 발달 등에 영향을 미친다.

소리는 이토록 명백한 실체임에도 청각장애인이 소리를 듣는다는 것은 그렇게 간단한 일이 아니다. 현재의 기술 수준으로는 아무리 좋은 보청기를 착용한들 반드시 감내해야 할 상당한 불명확성과 불편이 존재할 수밖에 없다.

그래서 청능사는 어떤 것이 좋은 소리인지, 어떻게 하면 청각장애인들이 소리를 듣는 데 있어서 편안하고 명료하게 들을 수 있을지를 끊임없이 고민하게 된다.

  나는 이러한 고민 끝에 두 가지 기준을 설정했다. 첫 번째는 약간의 부자연스러움을 감수해야 하지만, 소음을 최대한 줄이고 어음의 명료도를 높이는 방향이고, 두 번째는 어느 정도의 소음이 함께 들리더라도 전체적인 자연스러움을 높이는 방향이다.

  물론 연령에 따른 이론적인 소리 조절 기준은 있지만, 이는 최소한의 답을 찾아가는 이론에 불과하며 개인적인 상황이나 취향에 따라 큰 차이가 있을 수 있다. 이처럼 이론에 근거한 '객관적인 소리 조절'을 요즘은 소프트웨어가 다 해준다. 기술이 많이 좋아져서 소프트웨어가 그 기능을 전반적으로 잘 처리하고 있지만, 아직 20~30% 정도의 부족한 부분은 인간의 손길이 필요하다.

  나는 개인별로 가장 이상적인 최대한의 맞춤 소리를 선물해드리기 위해 최대한 노력한다. 각각의 나이, 직업, 주변 환경, 주관적 취향 등 모든 요소를 고려하여 최고의 조합을 만들어내는 것이다. 이를 '주관적인 소리 조절'이라고 한다. 나의 경우 70% 정도는 객관적인 소리 조절에, 나머지 30% 정도는 주관적인 소리 조절에 비중을 둔다. 보청기를 할 시기가 너무 늦지만 않았다면, 대부분 이 정도의 기준으로 충분히 만족한 결과를 얻을 수 있다.

  하지만 세상에는 늘 예외가 있는 법. 예를 들어 원활한 검사가 힘든 영유아의 경우, 병원에서 검사한 결과와 실제 청력 사이에 차이가 있는 경우, 어음 변별력이 많이 떨어져 있는 경우, 중이염이나 돌발성 난청으로 인하여 청력이 수시로 변하는 경우, 건강 상태에 따라 청력이 달라지는 경우, 이명이 심한 경우 등에는 위의 기준으로 소리를 조절해도 잘 해결되지 않을 때가 많다. 또한, 큰 문제 없이 보청기를 사용하고 있지만, '조금만 더 손을 보면 지금보다 더 잘 들을 수 있을 것 같다.'라는 약간의 아쉬움을 가지고 있는 경우도 생각보다 많이 있다.

이러한 예외적인 상황에서 어떻게 대처하느냐가 청능사의 핵심적인 역량이다. 위의 경우 청능사의 태도는 크게 둘로 나뉜다. 첫째는 "현재의 소리 조절 값이 가장 최적의 상태입니다. 더 이상 좋게 만들 수는 없습니다."라고 말하는 경우이고, 둘째는 "조금 아쉬운 부분이 있으시군요? 한 번 더 조절을 해보겠습니다."라고 말하는 경우이다.

물론 첫 번째의 청능사가 자신의 일을 대충 했다는 의미는 전혀 아니다. 그는 객관적인 기준에서 최선의 노력을 다했고, 더 이상의 시도를 하는 것은 가시적으로 별 효과가 없다는 것을 잘 알고 있다. 그러나 두 번째의 청능사는 그런 상황에서도 다시 한번 더 시도하는 것이다. 그렇다고 해서 가시적인 효과를 얻는 경우 또한 매우 드물다는 것을 잘 알고 있다. 하지만 인간은 기계가 아니지 않은가. 인간은 감정과 정서를 가진 동물이다. 이렇게 조금이라도 더 신경 써주고 조금이라도 그 사람의 마음을 잘 헤아려주면, 비록 객관적인 결과에 있어서 큰 차이가 없더라도 주관적인 만족도에 있어서는 큰 차이를 느낄 수가 있는 것이다. 결국 그것이 소위 말하는 디테일이 아닐까 한다.

나는 이론적인 기준보다 고객의 관점에서 고객과 함께 생각하고 고민하는 것이 훨씬 더 중요하다고 생각한다. 그래서 '더 나은 소리를 찾아가는 여정'을 고객과 함께하는 것이 청능사의 가장 큰 책무라고 생각한다. 고가의 검사장비, 최고급 보청기, 화려한 인테리어 등을 결코 무시하는 것은 아니지만, 청능사의 열린 마음가짐과 세심한 손길보다 더 좋은 기술은 없다는 것이 나의 확고한 철학이다.

가장 중요한 것은 자신을 관리해주는 청능사가 손님의 불편한 부분에 대해서 함께 느끼고, 함께 고민하고, 그것을 해결하기 위하여 적극적인 자세를 가지려 하는 자세이다. 이것이 '명품 소리'를 찾는 가장 좋은 길이라고 나는 확신한다.

청능사가 전문직 아니었어?

"청능사는 서비스직일까요?"

얼마 전, 나는 같은 과에 다녔던 후배를 통해 요즘 청각학과를 졸업하는 학생들이 진로를 고민할 때 어떤 분야에 가장 큰 관심을 두는지 물어볼 기회가 있었다. 내가 전공한 청각학과는 진로의 폭이 넓지 않고, 딱 정해져 있는 편이다. 왜냐하면 청각장애를 케어한다는 특수한 목적을 두고 공부하는 학문이기 때문이다.

대략 4~5년 전을 보면 전공을 살려 보청기 제조사나 이비인후과 병원에 취업하는 것을 가장 선호하는 편이었다. 그런데 후배의 말에 의하면 요즘은 보청기 센터로 취업하거나, 직접 창업을 희망하는 학생들이 많아졌다고 한다. 세상이 빠르게 변하다 보니 전공 후의 진로 트랜드도 시기마다 언제든지 변한다는 생각이 들었다. 내가 대학에 다닐 때만 해도 보청기 센터로의 취업이나 창업을 생각하는 학생은 극소수였으니 말이다. 이런 현상을 통해 짧은 시간 사이에 사회적인 상황도, 학생들의 인식도 많이 달라졌음을 실감할 수 있었다.

"보청기 센터를 준비할 때 가장 중요한 것이 무엇인가요?"라고 누군가가 나에게 물어본다면, 나는 "서비스 마인드를 장착하는 것이 핵심 중의 핵심입니다!"라고 말해주고 싶다. 청능사는 분명히 전문직이지만, 오로지 이론적 지식이나 임상적 경험뿐만 아니라 사람의 마음을 잘 헤아려서 그에 적절한 봉사를 하는 것이 필수이다. 나는 이것이 청능사의 기본 중의 기본이라고 생각한다.

따라서 보청기 센터 창업에 관심을 둔다면, 전공 공부는 물론이고 '나만의 서비스를 어떻게 만들어서 제공할지?'에 대한 고민이 꼭 필요하다. 전공 지식에 대한 베이스가 탄탄하다는 전제하에서 나만의 서비스 방식을 찾는 것은 곧 직업인으로서 '나다움'을 찾는 과정이라고 생각한다.

나는 '나다움'이라는 것을 세 가지로 정해두었다. 첫째는 나를 어떻게 표현할 것인가, 둘째는 내 센터를 어떻게 알릴 것인가, 셋째는 나를 찾아오시는 손님들께 어떻게 감동을 드릴 것인가이다. 최소한으로 위 세 가지 항목은 꼭 고민해봐야 한다고 생각한다.

배움의 길을 걷는 학생이나 사회 초년생의 경우, 사람을 상대함에 필요한 서비스에 대한 개념과 경험이 부족할 확률이 높다. 그래서 나만의 서비스를 정립하고 실천하는 것이 어려울 것이다. 이럴 때는 먼저 내가 좋아하는 브랜드에 대해서 고민해보는 것도 좋은 방법이다.

이 브랜드는 나에게 어떻게 표현을 하고 있는지, 이 브랜드는 나에게 어떤 감동을 주고 있는지, 이 브랜드는 나에게 어떤 스토리를 들려주고 있는지, 그리하여 궁극적으로 이 브랜드는 나에게 어떤 경험적 가치를 주고 있는지 한번 생각해보자. 일종의 역발상적인 방법이다. 이런 식으로 풀어가다 보면 그 브랜드가 가진 어떤 특성을 내 서비스에 접목할 수 있을지 보이게 된다. 그다음은 그것을 나의 것으로 흡수하여 나만의 서비스로 만들어가는 것이다. 참 간단한 일이지 않은가? 이렇게 1%, 1% 나다움을 쌓아가는 과정들이 결국 나만의 차별화된 강력한 무기가 될 것이라 확신한다.

일반적으로 보청기 센터를 운영하고 있는 선배님들이 후배들에게 조언을 해준다면, 본인이 체득한 경험담 정도를 이야기할 것이다. 하지만 그런 경험담은 신선한 아이디어와 비전을 전해주기가 힘든 것 같다.

그래서 나는 특별히 '서비스'라는 관점에서 이야기를 풀어나가는 것이다. 앞으로 이 바닥에 들어와서 살아남으려면 달라야 한다. 지금까지 안정적으로 운영을 해왔던 선배님들의 성공 공식은 성립하지 않을 가능성이 높다. 레드오션 시장에서 살아남으려면 반드시 '나만의 서비스'를 만들어서 독특한 색깔을 만드는 것이 매우 중요하다는 것을 말해주고 싶다.

고효율 지상주의에 관한 고찰

한국 사회는 '고효율 지상주의' 사회라고 생각한다. 내가 말하는 고효율 지상주의란 하나만 집중해서 파고들어 최고의 결과를 얻어내는 것을 의미한다. 예를 들어서 어떤 직업을 가지고 싶다면, 평생 다른 공부나 경험은 하나도 하지 않고 오로지 그 직업을 얻기 위한 길로만 가는 것이다. 옛말로 비유하자면 한 우물만 파는 것이라고 할 수 있을 것이다.

나는 이러한 고효율 지상주의가 한국 사회의 장점이자 문제점으로 기능해 왔다고 생각한다. 한국 사회는 효율성을 중시하기 때문에 이는 곧 사회 시스템에 있어서 핵심 역량으로 치부되고 있다. 그래서인지 효율성 이외의 다른 것들은 경시하는 경향이 꽤 강한 것 같다. 효율성만 따지다 보면 업무할 때 창의적인 시도를 더 하기가 어렵고, 실패 시에는 쉽게 백수나 낙오자 타이틀을 달게 된다. 이러한 사회 분위기에서 어떻게 새로운 아이디어가 탄생하겠는가?

바야흐로 21세기. 지금은 소위 다양성의 시대라고 한다. 시대가 많이 달라졌기에 사람들은 한 우물만 파서는 안 된다고 말한다. 과연 그럴까? 내 생각에 아직은 우리 사회가 고효율에 큰 의미를 두고, 이를 추구하는 경향이 강력하게 작용하고 있는 것 같다. 말하자면 어떤 직업이 좋다는 사회적으로 고정된 인식이 여전히 강하게 존재하고, 이에 따라서 어릴 때부터 오로지 그것만 공부하고 경험하는 것이다. 하지만 그런 과정만 좇다 보면 삶의 여정에서 얻을 수 있는 다양한 경험과 지혜는 모두 놓치게 되고, 결국 메마른 인간을 만들어낼 뿐이라고 생각한다.

고효율 지상주의의 장단점을 한 번 알아볼까? 장점부터 거론하자면, 말 그대로 성취도가 매우 높다는 것이다. 방향을 잘 조준해서 딱 하나만 잘 파헤쳐나가다 보면 좋은 결과를 얻을 가능성이 높아지는 것은 당연한 일일 것이다. PC 게임을 하는 사람은 잘 알겠지만, 사람들은 즐거움을 추구해야 할 게임을 하면서도 고효율 빌드업을 찾는다. 그러다 보니 이미 게임을 풀어가는 매뉴얼이 만들어져 공유되기도 한다.

게임이란 애초에 즐거움을 위한 것인데, 이러한 목적을 잊고 오로지 고효율만 생각해서 게임을 한다는 것이 아이러니하지 않은가? 즉 게임상에서 목적지를 찾아가는 과정의 즐거움이나 깨달음은 완전히 도외시하고, 오로지 좋은 점수만 올리고 이기기만 하면 된다는 것이다. 이는 주객이 전도된 것이라고 말할 수밖에 없다. 나를 위해서 게임이 있는 것인데, 게임을 위해서 내가 있는 것이 되어버리니 말이다.

그럼 고효율 지상주의의 단점은 무엇일까? 결론부터 말하자면, 고효율과 창의성은 이율배반적이고 모순적인 관계라는 것이다. 즉 고효율만 추구하면 창의성은 완전히 무시 된다는 것이다. 이런 상황을 경제 이론적 용어로 '트레이드 오프(Trade off)'라고 설명할 수 있다. 트레이드 오프는 두 개의 상반된 정책적 목표가 있는 경우, 그중 하나를 달성해야 한다면 다른 하나는 완전히 포기하고 희생시켜야 하는 관계를 의미한다. 예를 들면, 완전 고용의 실현과 물가의 안정이라는 두 개의 상반된 목표가 있을 때, 실업률을 낮추면 물가가 상승하고, 물가를 낮추면 실업률이 증가하게 된다. 이때 양자의 조화를 고려하는 것이 아니라, 둘 중에 어느 하나를 무조건 포기해 버리는 방식을 트레이드 오프라고 한다.

창의성은 이러한 고효율 지상주의 사회에서 결코 꽃피울 수 없다. 왜냐하면 창의성은 이것저것 다양한 공부와 경험을 통해서 우연히 나오는 것이기 때문이다. 창의성이라는 것은 기존의 상태를 깨는 새로운 발상을 뜻하는데, 그러한 새로운 발상을 뽑아내기 위해서는 반드시 기존의 상태를 벗어날 수 있는 새로운 인식, 새로운 방법, 새로운 관계 등이 꼭 필요하다. 이처럼 새로운 것들을 얻기 위해서는 반드시 다른 경험이 필요한 것이다.

우리가 사는 이 사회와 우리의 삶에는 언제나 소소한 문젯거리가 생긴다. 그리고 그러한 문제들은 해결의 실마리를 찾지 못하고 계속 쌓여가는 성질이 있다. 결국 시간이 흘러 작은 문제들이 쌓이고 쌓이게 되면, 어느 순간 커다란 모습으로 우리 앞을 가로막는다. 이러한 악순환을 깨고 벗어나기 위해서는 기존에 하던 상투적이고 습관적인 방식이 아닌 완전히 새로운 방식이 필요하다. 이처럼 창의성이 있어야만 우리가 사는 이 사회와 우리의 삶이 늘 쾌적하고, 편안하고, 조화로운 상태를 이룰 수 있는 것이다.

그런 측면에서 창의성이란 맑은 공기나 맑은 물이라고 할 수도 있을 것 같다. 기존의 공기가 새로운 공기로 환기되지 않으면 공기의 질이 악화하고, 물이 고여만 있으면 필연적으로 썩는 것과 같은 이치이다. 모든 것은 돌고 돌아야 하며, 그것의 핵심이 창의성이라고 생각한다. 즉 창의성이 나올 수 있는 최적의 환경은 '순환'인 것이다.

한국 사회에서 소위 말하는 '쓸데없는 짓'을 하다가 2~3년만 늦어져도 백수나 낙오자 타이틀을 달고 살아야 한다. 가족부터 시작해서 사회에 이르기까지 주변의 지적질과 눈치 주기가 굉장히 심하기 때문이다. 항상 시험 성적을 중요시하고, 대학입시를 위하여 온 나라의 시스템이

동원되고, 모든 판단이 성공과 실패라는 단 하나의 기준으로 형성되기 때문에 사회 구성원들이 창의성을 가지기란 매우 어려운 것이다.

예를 들어서 제주도에서 서울까지 갈 때 가장 빠른 방법인 비행기를 타고 갈 수 있지만, 그렇게 되면 제주도에서 서울까지 가는 과정에서 우리가 보고 느끼고 배우는 것들은 극히 제한적일 수밖에 없다. 하지만 배를 타고 부산까지 가서, 다시 부산에서 7번 국도를 따라 동해안의 절경을 구경하고, 이내 강원도로 가서 설악산에도 올라가 보는 등 이처럼 다양한 루트를 밟아본다면, 우리가 보고 느끼고 배우는 것들은 훨씬 더 많아질 것이다.

삶에 있어서 이런 열린 기회들이 많이 존재한다면 더 좋지 않을까? 그렇다면 더 많은 다양한 경험을 할 수 있게 되고, 이러한 경험의 순환 과정에서 창의력이 샘솟게 된다. 오직 서울에 가는 것이 전부가 아니라, 가는 과정에서 겪게 되는 다양한 경험의 순환 과정을 통하여 다양한 사고를 할 수 있게 되기 때문이다. 그리고 그러한 창의적인 아이디어들은 인생의 어느 순간에 불쑥 떠올라, 나와 우리 사회를 위하여 반드시 좋은 방향으로 쓰이게 된다. 역사를 돌아보라. 굳이 일일이 예를 들지 않더라도, 세상 모든 훌륭한 것들은 기존의 틀을 깨는 새로운 발상에서 나왔다는 것을 자명하게 알 수가 있다.

또한, 인생이란 것은 한 치 앞을 모르는 불확실성의 세계 아닌가. 만일에 서울로 가는 길 하나밖에 모르는 사람에게 불확실한 상황이 닥친다면 슬기롭게 대처할 수 있을까? 절대 쉽지 않을 것이다. 창의적인 아이디어로 성공을 했다는 사람들을 보면 십중팔구 소위 열 번의 '뻘짓' 끝에 우연히 좋은 아이디어 하나를 얻게 된 경우가 매우 많다. 하지만 그런 것을 모르는 사람들은 단순히 운이 좋아서 잘 되었다고 생각하면서 시기하는 경우가 많다.

　지금까지 고효율의 길만 추구해온 사람들이 보기에는 자신들만 잘 나가야 하는데, 웬걸? 소위 '뻘짓'이나 '쓸데없는 짓'을 하는 사람들이 더 잘 나가게 되니 무언가 불공정하다는 인식을 가하게 된다. 그런 것이 다 고효율 지상주의 사회에서 필연적으로 발생하게 되는 특권의식이다. 특권의식이 강하게 뿌리내리고 있는 사회에서는 계층 간의 순환이 일어나지 않고, 결국 그 피해는 사회 구성원 모두에게 돌아갈 수밖에 없다. 이 세상은 모든 것이 극도로 정밀하고 촘촘하게 연결되어 있으므로, 나 혼자 잘 살겠다는 생각으로는 결코 진정한 행복에 이르지 못한다.

　이러한 병폐를 해결하기 위해서는 고효율만 추구하는 사회적 분위기와 제도에 대하여 진지하게 성찰해보아야 한다. 실패가 결코 나쁜 것이 아니라는 사회적 인식이 필요하고, 실패했을 때 다시 도전할 수 있는 사회 제도가 마련되어야 한다. 그래야만 사회가 정체되지 않고 조화롭고 아름답게 발전할 수 있다.

　물론 고효율을 중시하는 사회 분위기와 시스템이 다 부정적인 것만은 아니다. 이는 지금까지 사회 구성원들의 끈기와 인내력에 대한 문화를 형성하는 데 긍정적으로 이바지했다고 생각한다. 고효율의 가치관은 개인적인 성취는 물론, 집단의 성과, 심지어는 국가의 경제성장과 관련된 다양한 측면에 이르기까지 긍정적인 영향을 미친 것 또한 사실이다. 그래서 나는 그렇게 열심히 노력하며 살아가는 사람들에게 항상 존경의 마음을 가지고 있다.

　하지만 한쪽으로 지나치게 치우치는 것은 경계하는 것이 마땅하지 않을까? 고효율 지상주의 문화가 한국 사회에서 긍정적인 역할을 해 온 것도 사실이지만, 이것이 사회 구성원들의 적극적인 사고와 창의적인 아이디어를 방해해서는 안 된다. 한 사회에서 이러한 창의성이 부족하게 되면 그 사회는 반드시 정체되게 되고, 기존에 부와 권력을 거머쥔 사람들과 새롭게 도전하는 사람들 사이의 간극이 지나치게 크게 벌어지게 마련이다. 이는 곧 또 다른 갈등과 문제를 유발한다.

이에 대한 대책으로 국가 및 기업이 창의성과 효율성을 균형 있게 추구하는 제도적인 지원이 반드시 따라야 한다. 즉 사회 구성원들의 창의적인 도전에 대한 지원 방안이 개선되어야 하며, 만약 실패하더라도 다시 새로운 시도를 할 수 있는 안전망도 단단하게 마련되어야 한다. 우리 사회가 창의성과 효율성을 균형 있게 추구하는 시대로 나아간다면, 한국은 한 단계 더 도약하여 외형적인 성장뿐만 아니라 정신적인 행복도에서도 크게 발전하게 되리라 생각한다.

나와 같은 소상공인도 그러한 사회적 분위기와 사회 제도가 꼭 필요하다. 그래야지 한 번 망해도 다시 일어서서 도전할 수 있고, 새로운 방식으로 새로운 시도를 할 수 있기 때문이다. 한 번 망하면 다시 일어서기 힘든 사회라면 사람들이 두려워서 아무 시도도 하지 않거나 무조건 안전한 길만을 찾는 분위기가 형성될 것임은 너무도 자명하다. 하지만 실패해도 언제든지 다시 일어설 수 있다는 사회적인 믿음이 쌓이면 젊은이들부터 노인들까지 그 누구라도 두려움 없이 자신의 길을 갈 수 있게 된다. 그리고 그 과정에 얻게 되는 수많은 창의적인 아이디어들이 이 세상을 훨씬 좋은 세상으로 만들 것이다.

꼭 창업하고 싶다면, 반드시 해야 한다면

지금까지 내가 어떤 과정을 통해 창업하였고, 현시점 어떤 마음가짐으로 사업을 운영하고 있는지 허심탄회하게 적어보았다. 이 장에서는 창업에 관한 나의 생각을 최종적으로 밝힘으로써 '제2장 나의 사업 이야기'를 마무리하고자 한다.

내가 생각하는 창업이란 일종의 모험이자 도전이며, 성공 여부를 예상할 수 없는 만큼 큰 성취감과 자기 계발의 기회를 제공한다. 창업자는 자신의 아이디어와 열정을 뒷받침 삼아 사업을 시작하며, 그 과정에서 자신의 역량을 끌어올리고 새로운 것을 배우며 성장할 수도 있다. 또한, 창업자는 자유로운 계획과 일의 방향성을 결정할 수 있는 권한을 가지며, 자신이 생각한 것을 현실화시켜 나갈 수 있는 창조적인 공간을 가지게 된다.

이처럼 긍정적인 부분만 있다면 누구에게나 창업을 제안하겠지만, 그 이면엔 크나큰 위험성도 함께 지니고 있다. 창업은 대개 새로운 아이디어를 가지고 시작하므로, 전혀 예상치 못한 문제에 봉착할 수 있으며, 초기에는 수익이 생기지 않아 생활고를 겪을 수도 있다. 따라서 창업할 때는 충분한 준비와 계획이 필요하다. 특히 자금 조달과 운영 전략 등에 대해 수없이 고민해봐야 한다.

결국, 창업은 잠재적인 위험과 보상이 함께 존재하는 일종의 게임과도 같다고 말할 수 있다. 창업을 위해서는 충분한 준비와 끊임없는 노력, 위험을 감수하는 용기와 열정을 가져야 한다. 이러한 요소들을 갖춘 사람이라면, 창업은 삶에 있어서 가장 큰 도전 중 하나일 수 있으며, 그 도전의 결과는 인생에 있어서 엄청난 성취가 될 수도 있다.

간혹가다 보청기 센터 창업에 대한 문의를 받는다. 예전에는 단순히 사소한 관심 정도였더라면, 요즘에는 정말 진지하게 문의하는 분들이 많아졌다.

그런 분들께는 나는 딱 두 가지만 묻는다. 첫째는 '내가 정말로 보청기 센터를 하고 싶은 것인가? (목표)'이고, 둘째는 '그렇다면 왜 하필 보청기 센터인가? (이유)'이다. 이 두 가지 사항에 대해서 스스로 진지하게 질문해보는 것은 꼭 필요하다고 생각한다. 그리고 이 두 가지 질문에 대한 좋은 답을 찾으려면 자신을 잘 '관찰'해보는 것이 가장 좋은 방법이라고 말씀드리고 싶다.

가령 내가 빵집을 창업하고 싶다고 치자. 그렇다면 나는 왜 빵집을 차리고 싶은 마음이 드는 것일까? 단순히 '빵이 좋아서'라고 생각할 수 있겠지만, 그 생각의 이면을 잘 관찰해보면 사실 내가 잘 몰랐던 여러 가지 요인들이 존재한다. 예를 들어 평생 원 없이 빵을 먹고 싶어서, 빵을 만드는 것이 즐거워서, 내가 만든 맛있는 빵을 먹는 사람들을 보면 내 마음이 행복해서, 돈을 많이 벌고 싶어서 등 여러 가지 이유가 있을 수 있다.

사람들은 누구나 자신이 경험한 바를 토대로 관념을 형성하게 된다. 그렇기에 그 경험이라는 것은 언제나 실제 세상의 크기보다 압도적으로 작은 경우가 대부분이다. 즉 경험이 부족하다는 것은 내가 세상을 보는 시야가 좁다는 것이고, 그런 좁은 시야의 제약으로 인해 더 깊고 넓은 생각을 하지 못할 때가 비일비재하다는 것이다. 따라서 부족한 경험에 따른 작은 생각으로 창업을 결정하면, 예상치 못한 난관을 만날 가능성이 매우 크다.

 만약 창업을 하고 싶은 가장 큰 이유가 돈을 벌고 싶어서라면, 굳이 빵집을 하지 않아도 된다. 돈을 벌 수 있는 창업 아이템은 얼마든지 존재하기 때문이다. 창업을 원한다면 일단 작은 경험들부터 해보기를 권장한다. 직접 빵을 만들어 본다든지, 그리고 그 빵을 온라인에서 혹은 오프라인에서 팔아본다든지, 유튜브로 홍보를 해본다든지 등등.

 그런 과정에서 내가 진정으로 빵집을 하고 싶은 것인지, 그렇다면 그 이유는 무엇인지를 정확하게 알 수 있게 된다. 이처럼 확실한 이유가 생겼을 때, 진정한 목표가 생겼을 때 창업을 해야 한다. 그렇지 않고 막연한 마음으로 시작했다가는 정말로 큰코다칠 수 있기 때문이다.

 그러나 내가 정말 하고 싶은 일이, 내가 잘 할 수 있는 일이 무엇인지 모르는 사람이 더 많을 것이다. 그럴 때는 그런 일을 찾아보는 것이 우선이다. 어린 시절부터 지금 순간까지 무엇이 내 가슴을 가장 설레고 행복하게 했는지 회상해보는 것도 좋고, 유독 내가 남들보다 나았던 부분을 생각해보는 것도 좋다. 이도 저도 없다면 독서나 봉사활동이나 아르바이트 등 직접 작은 경험을 해봄으로써 나의 길을 찾을 수가 있다.

 나의 경우를 돌아보면, 대학 시절 언어치료용 데모 앱, 장애 학생 위원회 동아리 운영, 보청기 센터 창업 등 나의 지난 경험을 돌아보면 전부 하나의 사실을 기반하고 있다. 사람들이 내가 만든 서비스를 이용하며 만족해한다는 것을 느낄 때마다 내 가슴이 뛰었다는 것이다. 이런 두근대는 열정이 있었기에 나는 그 일들을 성공적으로 해낼 수 있었고, 큰 보람을 느낄 수 있었다. 만약 그렇지 않았다면 모든 일에서 실패와 좌절을 맛보기만 했을 것이다. 이처럼 내가 무엇을 진정으로 좋아하는지, 그것을 왜 좋아하는지 확인하는 것은 정말로 중요하다.

가령 내가 맛집에 다니는 것을 좋아한다고 하자. 그렇다면 과연 나는 그 '맛집'이라는 명성이 좋아서 찾아간 것인지, 내 SNS에 올릴 멋진 사진이 필요해서 좋아하는 것인지, 그저 오랜 기다림 끝에 음식을 먹는 기쁨을 좋아하는 것인지, 또는 같이 간 친구에게 좋은 음식을 대접하고 싶어서인지 등 다양한 이유가 있을 것이다.

이런 식으로 유심히 생각해보지 않으면 그저 '맛집이 생겼다니까 한번 가보자.'라며 맛집을 찾아가게 되듯, 마찬가지로 창업도 막연하고 안일한 태도로 시작하게 된다. 창업이란 실제 전투와도 같은데, 실전에서 그런 안일한 태도로 임한다면 패하는 것은 너무나 자명하다. 그래서 중요한 것은 내가 어떤 행위를 하면서 행복했는지, 행복했으면 왜 행복했는지에 대하여 잘 관찰해서 진실을 파악하고 확인해야 하는 것이다. 그런 것이 있어야만 즐거운 마음으로 일을 진행할 수가 있고, 어떠한 난관이 닥치더라도 슬기롭게 잘 이겨나갈 수가 있는 것이다. 또한, 이런 과정에서 나의 장단점을 발견하게 되어 장점은 오히려 살리고, 단점은 보완할 수 있다. 즉 내 그릇이 커지는 것이다.

일반적으로 20~30대에 하고 싶어 하는 창업(소자본 창업)은 대개 레드 오션인 경우가 많다. 그런데도 창업을 하겠다면 최소한 내가 정말로 하고 싶은 것은 무엇인지, 내가 왜 그것을 하고 싶어 하는지, 이 두 가지 질문에 대한 대답은 확실하게 가지고 있어야 한다고 생각한다.

어찌 보면 흔한 조언 같은데, 가볍게 흘려듣기에는 너무도 중요한 질문이라는 것을 다시 한번 강조하고 싶다. 내가 무엇을 좋아하는가,

왜 좋아하는가를 확인하는 이유는 사실 창업할 때 가장 중요한 것은 아이템이 아니라 나 자신이기 때문이다. 나를 아는 것, 그것이 가장 우선이다.

성공과 행복에 대한 이런저런 생각

문밖을 나서보니, 햇살은 화창하고 공기도 상쾌하다. 나는 집 밖을 나서면, 무슨 의식이라도 하듯 항상 하늘을 먼저 바라본다. 하늘의 모습은 매일 다르지만, 언제나 나의 비좁은 마음을 크게 만들어 주는 것 같다.

'오늘 하루도 열심히 살아보자.' 하늘을 보며 늘 이렇게 다짐한다. 물론 이런 다짐으로 시작했다고 항상 멋진 하루가 되지는 않겠지만 말이다. 그래도 다짐은 계속된다. 중요한 것은 멋진 하루가 되건 말건, 나의 길을 가면 되는 것이니까. 내가 나의 길을 제대로 가고 있다면 좋은 길, 나쁜 길 따로 없이 어떤 방향이든지 좋은 길일 것이다. 나쁜 길에서도 우리는 많은 것들을 배울 수 있기 때문이다. 그래서 그것은 나쁜 길이 아니라 '배울 수 있는 길'이 될 뿐이다.

우리 아버지 세대에는 인생의 목표가 오직 성공이었다. 여기서 성공이란 사회적 성공을 의미한다. 번듯한 직장이나, 사회적 지위, 또는 물질적 소유에 한정된 성공을 의미한다. 우리 아버지들은 그런 것들을 가장 중요하게 여긴 세대였다. 그런 가치관이 형성된 이유는 당시 우리 사회가 '위험 감수 사회'였기 때문이다. 사회적 인프라가 매우 부족했고 인적 역량도 부족했었기 때문에, 위험을 감수하며 도전하고 밀어붙이면 누구든지 일정한 수준으로 올라갈 수 있는 세상이었다. 속된 말로 뻥이친 만큼 되는 세상이었다.

지금은 많이 다른 것 같다. 그때와 비교해서 인구도 많아졌고, 경쟁도 심해졌다. 불꽃이 튀는 것처럼 치열한 사회인 것이다. 과거에는 대학만 나오면 어지간한 회사에 취직할 수 있었지만, 요즘 청년들의 제일 큰 고민이 취업이다. 석사를 따고, 박사를 따도 취업이 쉽지 않을 뿐만 아니라, 취업이 되더라도 경쟁이 뒤따르니 늘 자리가 불안하다. 매 순간 경쟁과 평가가 우리의 삶을 지배하는 거대한 논리가 보편화 되어 있다. 사람값이 귀하지 않기 때문에 생기는 현상인 것 같다.

즉 지금은 '위험 관리 사회'이다. 사회에 웬만한 것은 다 갖추어져 있고, 모든 분야에서 먼저 선점하고 있는 사람들이 있으므로, 무턱대고 위험을 안고 도전하면 깨질 가능성이 훨씬 큰 사회이다. 따라서 위험을 잘 피해 가면서 자신만의 길을 열어가야 한다.

센터에 들어와서 오늘 할 일을 준비하다 보면, 늘 마음이 급해지는 것 같다. 처리해야 할 일들이 산더미처럼 쌓여있기 때문이다. 세상이 너무 빨리 변하는 것 같다. 여기서 '빨리 변한다.'라는 말은 두 가지 뜻이 있다. 하나는 편리해진다는 뜻이다. 즉 생활 영역에서 필요로 하는 욕구들이 빠르게 채울 수 있기 때문이다. 다른 하나는 처리해야 할 정보량이 많아진다는 뜻이다. 전광석화처럼 변하는 세상에 발맞추기 위해서는 각 개인도 많은 양의 학습을 해야 하고 다양한 정보를 습득하고 처리해야 한다. 그래서 너무 바빠진다. 이처럼 문명의 발달이 꼭 사람을 행복하게 하는 것은 아닌 것 같다.

간단히 오늘 할 업무를 준비해놓고, 커피 한잔을 타서 TV를 켠다. 화면 속의 세속적인 기준에서 누가 봐도 성공했음을 느낄만한 사람들이 종종 보인다. 그들은 보통 사람은 꿈도 꾸지 못할 정도로 크게 성공한 사람들이다. 간혹 나는 그들을 보면 가끔 안타깝다는 생각이 들기도 한다. 그들은 진정 자신이 행복한 길을 간 것이 아니라, 사회가 요구하는 길을 갔을지도 모른다는 생각이 들기 때문이다. 프랑스의 철학자 라캉(Lacan)의 말처럼, 자신의 욕망을 욕망하지 못하고, 사회가 요구하는 욕망을 좇았을 수도 있는 것이다. 우리가 겉으로 보기에 정말 행복해 보이는 사람 중에 정말 행복한 사람이 과연 몇이나 될까 싶다.

한국 사회에서 어른들은 청년들이 최대한 빨리 취직해서 돈을 벌기를 바라는 것 같다. 나쁜 마음에 그런 것이 아님을 나는 안다. 그저 경쟁에서 뒤처지면 안 되니까, 경제적으로 빨리 안정되길 바라니까 그런 이유가 지배적일 것이다. 그래서 당연히 그리 생각할 수 있다고 본다. 하지만 나는 생각이 조금 다르다. 청춘들의 방황은 고난이 아니라 특권이라고 생각한다. 인간은 오로지 방황을 통해서만 자신의 길을 찾을 수 있고, 고통을 통해서만 행복의 의미를 찾을 수 있다고 수천 년간 수많은 현자들이 말해 왔다. 나는 그 말에 찬성한다. 맛있는 음식을 찾기 위해서는 다양한 음식을 먹어보는 경험이 필요하다. 행복도 그와 마찬가지라는 생각이 든다.

나이가 한 살 한 살 먹어갈수록 이 세상의 끝없음에 감탄한다. 배울 것도 끝이 없고, 재미있는 것도 끝이 없고, 뉘우치는 것도 끝이 없다. 이만하면 됐다고 생각할 즈음이면, 어김없이 새로운 배움과 재미와 뉘우침이 나타나 나의 가슴을 후빈다. 추위가 깊어간다. 동시에 매화는 깊은 향기를 응축해 나갈 것이다. 저 남쪽 바다의 동백은 어김없이 그 붉은 열정을 선언할 것이다.

지금 이 추위조차, 나는 기쁘게 즐기고자 한다. 그것이 성공이고 행복이다.

Chapter 3. 청각장애 에피소드

엄마~ 나는 왜 다른 아이들과 달라?

인간은 누구나 소속의 욕구가 있다고 한다. 그리고 이는 모든 인간의 근본 욕구에 해당한다고 한다. 아마도 인간은 사회적 동물이라는 필연적 속성 때문에 그런 것이리라.

'따돌림'이란 것은 근본적인 인간의 욕구인 소속의 욕구를 저해하기 때문에 무척이나 큰 아픔이 될 수밖에 없다. 따돌림을 당하는 사람은 자신을 다른 사람들과 구분되는 존재로 인식하게 되고, 이는 소외감이라는 마음의 상처로 이어진다. 이러한 소외감을 느끼게 되면 당연히 자신감이나 자존감의 저하를 불러일으키는 등 정신적인 건강에도 악영향을 미치게 된다.

어느 날 유치원에 다녀오는 길에 나는 물었다.

"엄마. 왜 나는 다른 아이들과 달라요?"

어머니께서는 그 자리에 주저앉아서 펑펑 우셨다.

어린아이들이 마냥 순진하고 착해 보일 수 있지만, 꼭 그런 것은 아니라고 한다. 오히려 어린 시절이 인간의 본능적인 면을 가장 많이 드러내는 시기라고도 할 수 있다. 이는 아이들이 아직 타인과 조화를 이루며 살아야 한다는 인식이나 여타 세상의 윤리, 도덕과 같은 규율을 잘 모르기 때문에 나타나는 현상이다. 그래서인지 아이들은 자신의 욕구를 충족하기 위해 부정적인 행동까지도 서슴없이 하는 경우가 많다.

세상에 교육이라는 것이 필연적으로 존재할 수밖에 없는 이유는, 교육을 통해 이러한 부정적인 행동들을 절제하고 통제할 수 있기 때문이다. 내가 말하는 교육이란 꼭 학교 교육과 같은 기능적인 교육만을 의미하는 것은 아니다. 지성을 가진 인간 다운 인간이 되기 위한 일반적인 교육을 의미하는 것이다. 이러한 교육은 아이들이 자신의 본능적인 면을 이해하고, 그것을 제어하는 방법을 알려주고, 이로 따라 아이들은 자신의 자리를 잘 지키면서도 타인과 잘 교감하는 사람으로 성장할 수 있게 된다.

나는 선천성 청각장애인이므로 유치원 때부터 보청기를 끼고 살아왔다. 그런 나의 모습이 자신들과 달라서 이상하다고 생각한 아이들은 서서히 나를 따돌리기 시작했다. 그래서 나는 유치원에 갈 때마다 마음이 침울해지고 힘들었다. 따돌림이란 것은 어린 나이의 나로서는 무엇인지 잘 이해할 수도 없는 그런 종류의 힘겨움이었다.

어디다 말도 못 하고 꾸역꾸역 견뎌오던 어느 날, 쌓이고 쌓였던 나의 감정은 더는 참을 수 없는 울분이 되어 마치 토해내듯이 어머니께 질문했던 것이었다. 왜 나는 다른 아이들과 다르냐고. 왜 나는 잘 들리지 않냐고. 왜 나는 이 불편한 보청기를 늘 끼고 다녀야 하냐고.

내 이야기를 들으신 어머니께서는 며칠 뒤 분연히 떨치고 일어나셨다! 어머니께서는 따돌림을 주도한 친구를 살짝 불러내 동네에 있던 아이스크림 가게에 데려가 맛있는 아이스크림을 사주신 것이었던 것이었다!

그러면서 어머니께서는 "우리 재훈이가 조금 아프니까 잘 도와주고 사이좋게 잘 지내렴. 그럼 아줌마가 아이스크림 많~이 사줄게."라고 말씀하시면서 그 친구를 잘 다독이셨다.

그렇게 나는 유치원에서 세상의 고통을 처음 알았고, 또 그것을 푸는 지혜도 어렴풋이 배울 수 있었다.

매미를 돌려다~오~

한여름의 태양이 중천을 가를 때, 경쾌한 오케스트라 한 자락이 하늘을 찌릿하게 물들이곤 한다. 바로 매미 떼의 합창이다.

듣는다는 것은 과연 무엇일까? 듣는 것은 훈련이다. 듣는 것은 태어나면서부터 바로 생기는 능력이 아니다. 아이가 걸을 수 있게 되기까지 걷기 연습이 필요하듯, 사실 우리 귀도 그런 연습과 훈련의 과정을 거치도록 설계된 것이다. 그래서 그러한 훈련을 거치면서, 단순한 '소리의 탐지'로부터 시작해서 '소리의 변별'이라는 결과로 이어지게 되는 것이다.

우리 귀는 '소리의 탐지'를 위한 생리적인 구조를 이루고 있다. 그러나 이렇게 탐지된 소리는 우리가 생각하는 것보다 훨씬 더 복잡한 과정을 거쳐야만 '소리 인식'을 할 수 있다. 그래서 듣는다는 것은 이러한 소리의 인식을 위한 훈련과 경험의 결과물이다. 결국 그러한 소리의 변별이 있어야만, '의미의 이해'가 시작되게 된다. 의미란 다른 것과의 차이에서 규정되는 것이기 때문이다.

즉 이것은 개 짖는 소리구나, 이것은 새 소리구나, 이것은 매미가 우는 소리구나 등 각각의 소리가 가진 차이들을 경험과 훈련을 통하여 구별하고 인식하게 되는 것이다. 이러한 훈련의 시간을 거친 후, 우리는 귀를 통해 이 자연 만물과 소통할 수 있게 되는 것이다.

귀를 통한 자연과의 소통을 이루기 위해서는 저주파의 음역부터 고주파의 음역까지, 헤아릴 수 없이 많은 소리를 들으면서 그 차이들을 몸소 느껴보는 과정이 꼭 필요하다.

보통 비장애인들은 서너 살쯤만 되어도 매미 소리를 명확하게 구별할 수 있다. 매미 떼의 합창을 처음 듣는 순간, 그 자신도 그 소리가 특별한 소리라는 것을 자각하게 되고, 그와 동시에 부모나 주변에 있는 사람이 "저건 매매 소리야!"라고 인식시켜 주기 때문이다. 그래서 매미 소리가 아무리 시끄럽게 울려도 그것이 이상하다는 생각을 전혀 하지 않는다.

하지만 어디까지나 비장애인들의 이야기이다. 나는 초등학교 고학년이 되어서야 처음으로 매미 소리를 들어봤으니까. 그전까지 나의 우주에는 매미가 없었던 것과 마찬가지였다.

"재훈아. 엄마랑 성당 가자." 뜨거운 그해 여름 어느 새벽녘, 어머니께서 나를 흔들어 깨우셨다. 내 마음 깊은 심연에서는 절대 그러한 일이 일어나서는 안 된다고 말하고 있었지만, 나는 비몽사몽 바보 같은 모습으로 어머니의 손을 잡고 집을 나서고 있었다. 눈을 반쯤 뜬 채. 그렇게 성당에 가는 길에 갑자기 공기에서 전기가 느껴졌다. 찌릿찌릿. 찌찌릿 찌리리릿. 내 귀에 그동안 한 번도 인지되지 못했던 찌릿찌릿한 소리가 '탐지'되었던 것이다.

'어? 이건 무슨 느낌이지?' 처음에 나는 그게 소리인지도 몰랐다. 그것은 단지 느낌 같은 것으로 전달되었기 때문이다. 그런 생각을 하며 내 손을 잡고 계시던 어머니를 의아한 표정으로 올려다보았다. 같은 매미 소리에 둘러싸여 계시던 어머니께서는 내가 매매 소리에 반응하는 것을 보고, 그것이 매미가 내는 소리라는 것을 설명해주셨다. 또한, 나를 매미 소리가 울려 퍼지는 나무쪽으로 끌고 가셔서 나무에 붙어 있던 까만 매미를 손가락으로 가리키시며, 저것이 매미라는 곤충이고 저것이 지금 맴맴 하는 소리를 내고 있다는 사실을 알려주셨다.

Chapter 3 | 청각장애 에피소드

나처럼 고도 난청이 있는 아이들의 경우, 언어 훈련을 하지 않고 방치하면 말을 하는 것이 매우 어눌해진다. 그래서 아주 어릴 때부터 청능훈련과 언어치료가 필요하다. 이러한 청능훈련과 언어치료는 어린 시절부터 받아야 하는데, 대략 생후 4개월부터 초등학교 입학 전까지 최소 7~8년 정도의 시간이 필요하다. 이 기간에 청능훈련과 언어치료를 받으면서, 소리를 탐지하고, 변별하며, 이해하고, 사용하는 방법을 배우게 된다.

또한, 이러한 훈련은 단순히 '기능적으로' 말을 하는 것뿐만 아니라, '사고의 발달'에 있어서도 굉장히 중요한 역할을 한다. 즉 이러한 훈련을 통해 아이들은 자기 의사 표현 능력을 향상하고, 다른 사람들과 원활하게 소통하는 능력을 키울 수가 있는 것이다. 따라서 언어치료 훈련은 고도 난청을 가진 아이들이 정상적인 생활을 영위하는 데 매우 중요한 역할을 한다.

그런데 그 시기는 한창 자연과 하늘을 느끼면서 아무 생각 없이 신나게 뛰어놀 시기이다. 하지만 청각장애가 있는 아이들은 따분한 언어 훈련에 무거운 의무감을 느끼며 참을 수밖에 없다. 말이 쉽지, 그런 훈련들이 장애가 있는 입장에서는 생각처럼 간단하지 않다. 어떤 사람이 고도 난청을 가졌음에도 발음이 어눌하지 않다면, 그가 정말 뼈를 깎는 노력을 했다는 방증이 아닐 수 없다.

그러나 어쩌겠는가. 어쩔 수 없이 받아들이고 참아야 한다. 평범하게 사는 것이 나의 꿈인데, 평범하게 되기까지 너무 오래 걸렸다. 뒤늦게 발견한 매미 소리처럼.

엄마! 나 공부 때려치울래!

중학교에 입학한 후부터 나는 미쳐버릴 것만 같았다. 왜냐고? 난생처음 듣는 단어들이 나의 달팽이관 속으로 예고도 없이 방문해서 초인종을 마구 눌러댔기 때문이다. 딩동딩동~

지금 생각해보면, 그때 나는 일종의 패닉 상태에 빠졌던 것 같다. 친구들과 선생님들이 뭐라고 말은 하는데 모르는 단어가 뒤섞여 있으니 이게 무슨 한국말인지, 미국말인지, 중국말인지 알 수가 없었다. 그럴 때마다 듣지 못하는 내용들만큼의 공백을 메우기 위하여 사람들의 입모양을 주의 깊게 관찰하며 알아듣기 위한 노력을 해야 한다. 그런데 그게 말이 쉽지, 이는 엄청난 집중력을 요구하기에 나로선 큰 스트레스가 되었던 것이다. 특히 수업 시간에는 선생님 말씀의 거의 절반의 절반도 알아듣지 못하는 경우가 대부분이었다.

'상대방의 말을 듣는 것만큼 쉬운 게 어디 있어?' 청각에 문제가 없는 사람들은 잘 이해를 못하겠지만, 고도 난청의 경우 남의 말을 듣는다는 것이 결코 간단하고 쉬운 일이 아니다. 듣는 것은 단순히 소리를 인식하는 것이 아니라, 그것을 이해하고 해석하는 일련의 과정이 필요하기 때문이다. 이러한 과정은 수많은 인지적 노력과 집중력이 필요하며, 특히 자신이 이해하지 못하는 부분이나 불편한 부분을 이해하려고 노력해야 하는 경우 더욱 그렇다.

또한, 상대방이 전달하고자 하는 메시지가 전혀 다르게 해석되어 들릴 수 있으므로, 서로의 의사소통에 대한 이해와 공감까지 필요하다. 이처럼 복잡한 메커니즘을 가지고 있는 듣는 일에 있어서 가장 기본적인 청각에 문제가 있다면, 그것은 정말 큰 부담과 불안으로 다가온다. 그러니 내가 패닉을 느낀 것은 결코 과장이 아니다.

대학 시절엔 청각장애인을 대상으로 하는 속기 지원 서비스가 출시되어, 그 서비스의 도움을 톡톡히 받았다. 그래서 대학생 때는 공부하는 것이 너무 편했다. 속기 지원 서비스란, 교수님께서 마이크 차는 것을 허락해주시면, 속기사분께서 교수님의 말씀을 실시간으로 타이핑해서 내가 볼 수 있도록 해주는 서비스이다. 입 모양을 보면서 수업을 들을 때에는 아무리 집중해도 놓치는 단어들이 많은데, 속기는 글자로 보여지기 때문에 놓치는 부분도 없었고, 다음에도 다시 확인할 수 있으므로, 공부하기에도 너무나 편리한 서비스였다. 물론 편리함과 성적은 아무 관계가 없었다고 솔직히 털어놓는다.

하지만 중학생 때는 그런 것이 없었다. 더구나 중학생이란, 무릇 이유도 없이 반항을 하는 용감한 존재가 아닌가. 게다가 나는 반항할 확실한 이유까지 있었으니, 나의 가슴은 분노와 짜증과 답답함으로 버무려졌다. 곧 터지기 일보직전의 화산과 같은 상태가 된 것이다. '나는 왜 이렇게 태어났을까? 왜 나만 안 들려서 이런 고생을 해야 할까?' 나는 매일 이렇게 고민을 부둥켜안고 하루하루를 버텨나갔다.

해결하지 않고 버티는 것은 언젠가 터지는 법! 어느 날이었던가? 나는 불쑥 어머니에게 미사일 한 방을 발사해버리고 말았다.

"엄마! 나 공부 때려치울래!"

내가 예상했던 어머니의 반응은 다음과 같았다. '재훈아. 장애도 있는데 공부까지 못하면 뭐가 되겠니? 그러지 말고 조금만 참고 이겨내

보자.' 하지만 어머니는 그렇게 반응하지 않으셨다.

"그래 때려치우자. 괜찮아. 고생 많았지?"

그렇게 말씀하시는 어머니의 두 눈에서 굵은 눈물 두 줄기가 주르륵 흘러내리고 있었다. 너무 예상 밖의 반응이라서, 나는 순간적으로 당황할 수밖에 없었다. 삐딱해지기 위한 선전포고였는데, 어머니는 오히려 항복선언을 하신 것이었다. 끝내 떨치고 일어나 나의 분노를 이 우주 만방에 널리 널리 뿌려주고 싶었는데, 나의 계획은 순식간에 물거품이 되고 말았다. 물거품을 뒤집어쓴 나는 그 즉시 순한 양으로 변신했다.

"아니야 엄마. 갑자기 화가 나서 해 본 소리야. 때려치우기는. 이 정도 장애쯤이야…"

이렇게 말하는 순간 내 단전 깊은 곳에서 긴 세월 억눌려 있었던 걸쭉한 눈물 한 바가지가 올라오는 것이 느껴졌다. 어머니에게 그런 약한 모습을 보여드리지 않기 위해서 나는 조용히 방에 들어가서 문을 걸어 잠갔다.

방에 홀로 앉아 있는 그 순간, 내 속에서는 정말 많은 감정이 요동쳤다. 어머니가 하신 말씀이 온전하게 이해가 되지도 않는 상태였다. 도대체 어디서부터 잘못된 것인가? 왜 나는 이렇게 안 들리는 것일까? 그리고 왜 어머니는 그런 말씀을 하셨을까? 그런 복잡한 생각과 감정이 내 가슴 속에 뒤섞여서 분노와 불안과 슬픔이 범벅이 되었다. 그렇게 조금 시간이 지나니 어머니가 내게 말씀하신 그 말씀이 나에게 알 수 없는 용기를 주었다.

그 말씀을 듣기 전까지는 내가 잘 듣지 못하는 것은 항상 부끄럽고, 창피한 일이었다. 다른 사람들이 내 상황을 알게 된다면 어떨까? 나를 배려해주는 사람들은 많지만, 누군가는 나를 이해하지 못하고 비난할 수도 있을 것이라는 불안감을 늘 가지고 있었다. 이러한 생각 때문에 나는 그동안 이 문제를 털어놓지 못했었다.

그러나 어머니의 말씀은 나에게 다른 자각을 주었다. 내가 능력이 부족한 것이 아니라, 단순히 장애로 인해 듣지 못하는 것이니, 그것은 결코 부끄러운 것이 아니라는 뜻으로 다가왔다. 동시에 당신께서도 나의 아픔을 충분히 이해하고, 또한 공감하고 계신다는 뜻으로도 다가왔다. 그 순간 나는 이전에 한 번도 느끼지 못했던 용기와 자신감을 느낄 수가 있었다. 아마도 그때는 어려서였기 때문이겠지만, 나는 나만 힘들고 아무도 나의 아픔을 이해해주지 못한다고 생각했던 것 같다. 하지만 어머니의 말씀 덕분에 비로소 내 장애에 대한 부끄러움을 내려놓게 되었고, 더는 홀로 외로움을 느끼지 않게 되었다. 나아가 내가 가진 다른 능력으로 최선을 다해서 노력하고, 더욱 성장해 나가야겠다는 결심도 하게 되었다.

돌이켜보면 어머니는 늘 나에게 미안한 마음과 죄책감을 느끼고 계셨던 것 같다. 자신 때문에 청각장애가 생긴 것이니, 자신이 평생 책임져야 한다는 마음도 가지셨을 것이다. 물론 자식에게 이러한 감정들을 내색하진 않으셨지만, 어렴풋이 나에게 전해졌다. 그런 어머니의 마음을 알게 되면서 죄송함에 늘 마음이 무겁기도 했다.

그 일을 계기로, 어머니의 죄책감과 미안함을 덜어드리고 싶다는 마음을 먹었던 것 같다. 나 자신의 장애를 극복하기 위해서라도, 어머니의 마음을 편안하게 해드리기 위해서라도 앞으로 더욱 노력하며 살리라는 생각을 가지게 된 것이다. 그 이전까지는 내 아픔만을 생각하고 내 감정에만 매몰되어 있었다면, 이제는 어머니의 마음도 헤아릴 수 있게 되고, 내 앞길도 더욱 냉정하게 바라볼 수 있게 된 것이다.

나중에 알게 된 사실이지만, 어머니는 내가 초등학교 무렵부터 평생의 보청기 구매 비용을 마련하고자 적금도 들었다고 한다. 그런 어머니의 마음을 생각하니 눈물이 찔끔 난다. '그때는 내가 보청기 센터를 할 거라곤 아마 상상조차 못 하셨을 거야. 그럼 그때 들었던 적금은 어떻게 되었을까?' 가끔 이런 생각도 문득문득 해본다.

장애 = 다윗

"안녕하세요. 저는 오재훈입니다. 저는 청각장애가 있어 보청기를 착용하고 있습니다. 저에게 말씀하실 때는 여러분의 입 모양을 보여 주시면서 천천히 이야기해주시면 정말 감사하겠습니다."

학교에서 자기소개할 때면 나는 늘 이 멘트로 말문을 열었다. 장애라는 것은 대부분 안쓰러움을 자아내는 요소이고, 간혹 어떤 사람들은 불쾌하다는 표정을 짓기도 한다. 하지만 청각장애는 약간 차이가 있다. 겉으로 보기에는 너무 멀쩡해 보이기 때문에 신기하다는 반응을 보일 때도 많다. 물론 그 신기함이 그리 오래가지는 않는다. 결국 보통의 사람과는 다른 사람이라는 일종의 낙인으로 변하는 데에는 그리 긴 시간이 걸리지 않는 것이다.

나는 어릴 때부터 장애가 있는 사람으로 살아가는 것을 부끄러워했고, 많은 열등감을 느끼며 성장했다. 늘 나는 다른 아이들 사이에서 다른 존재로 인식되고 있을 때가 많았다. 그러나 지금은 완전히 생각이 바뀌었다. 오히려 요즘은 장애가 있음으로써, 내가 다른 사람들과 다르게 생각하고 느낄 수 있다는 사실에 감사하는 마음을 품고 살아가고 있다. 실제로도 그런 것들이 나의 장점이 되고 있다는 것도 사실이다.

역설적으로 장애는 나에게 더 많은 관심을 받을 기회를 제공한다고 생각한다. 다른 사람들은 장애가 있는 나를 어떻게 대해야 할지 모르는 경우가 많으므로, 오히려 그들의 호기심을 유발할 수 있다. 이런 다소 신박한 아이디어는 나의 장애를 다른 관점에서 바라보고자 노력하며 내 안에 생겨난 관점이다. 실제로 이렇게 긍정적인 관점으로 생각을 전환하면, 다른 사람들과 관계하는 과정에서 얼마든지 좋은 에너지로 활용할 수가 있다. 그리고 장애로 인해 다른 사람들이 가질 수 없는 남다른 시선과 경험을 많이 가지고 있으므로, 이를 통해 늘 새로운 관점을 제시할 수도 있다.

이처럼 생각만 달리하면, 장애는 오히려 소중한 기회가 된다. 나는 장애를 배경으로 내가 가진 타인보다 나은 역량을 증명할 수 있고, 다른 사람들과 다르게 생각하고 느끼는 시선과 경험을 통해 오히려 누군가에게 새로운 영감과 용기를 줄 수도 있다. 고로 이제는 장애가 나를 제한하는 무엇이 아니라, 나를 독특하게 만드는 그래서 사람들에게 호감을 주는 장점이 될 수 있음을 깨달았다. 그래서 나는 이를 늘 상기하며 자신감을 유지하려고 노력한다.

예전에는 무조건 겸손함이 절대적인 미덕이었다면, 요즘은 많이 달라졌다. 겸손함이 여전히 중요한 덕목인 것은 분명하지만, 겸손함을 간직한 채 자신을 타인에게 적극적으로 알리는 것도 매우 중요한 시대라고 생각한다. 그 이유는 세상은 숨 가쁠 만큼 빠르고, 수많은 거래가 발생하며 너무 복잡하게 돌아가기에, 나를 적극적으로 알리지 않으면 결국 잊히게 되기 때문이다. 그래서 흔히 현대 사회를 자기 PR의 시대라고 부르는 것 같다.

오디션을 보건, 면접을 보건, 장사를 하건, 사업을 하건, 어쨌건 간에 내가 어떤 사람인지를 다른 사람들에게 알릴 필요가 있다. 그러려면 무언가 나만의 매력 포인트가 있든지, 다른 사람의 관심을 끌 만한 요소가 있어야 유리하다.

나는 이제 장애가 있다는 것 자체를 큰 문제가 아니라고 확신한다. 중요한 것은 그 장애를 어떻게 활용하느냐, 그것이 더 중요한 문제이다. 장애를 그저 안타까운 동정의 대상으로 남겨두느냐, 아니면 장애까지 이겨내고 자기 삶을 아름답게 승화시킨 한 편의 드라마로 만들어내느냐는 결국 내 마음에 달려있다.

특히 나처럼 직접 청각장애를 겪고 이와 관련된 보청기 일을 하는 경우에는 더더욱 큰 장점이 되는 것 같다. 청각장애를 직접 겪지 못해 본 사람들은 아무리 공감 능력이 높아도 청각장애인이 무엇에 불편을 느끼고, 어떤 감정적 반응을 겪는지에 대하여 정확하게 알 수가 없다. 하지만 나는 그들과 같은 처지이기에 청각장애인들의 힘겨움을 정확하게 이해하고, 그것에 대한 정확한 진단과 처방을 할 수 있는 것이다.

이는 마치 골리앗과 다윗의 싸움과 같다는 생각이 든다. 장애인이 골리앗이 되기 힘들다면, 나의 장점을 찾아서 다윗이 되는 길을 찾는 것도 지혜로운 선택이라고 생각한다.

우리 사회는 육체적, 정신적, 지적 장애 등 다양한 유형의 장애가 있는 사람들이 존재한다. 이들은 종종 다른 사람들과 비교되어, 학교나 직장에서 차별받거나 사회적으로 배제되는 경우도 많다. 이러한 상황에서 장애가 있는 사람들은 자신에게 많은 제약이 있다는 사실을 받아들이고, 나만이 가질 수 있는 장점을 살려서 자신만의 독특한 길을 찾는 것이 매우 중요하다고 생각한다.

또한, 장애가 있는 사람들은 삶의 과정에서 비장애인들보다 육체적 정신적으로 더 큰 어려움과 고통을 겪는다. 하지만 역설적으로 그러한 어려움과 고통은 한 개인을 성장시키기 위한 훌륭한 자산이 되기도 한다. 어려움과 고통을 받아들이고, 맞서면서 인간은 강한 인내심과 삶에 대한 깊은 통찰과 지혜를 얻을 수 있는 것이다. 인생은 골리앗과 다윗의 싸움과 같이 언제나 엄청난 도전과 시련을 안고 있지만, 다윗은 자신만이 가진 장점과 노력으로 골리앗을 이겨낼 수 있었다. 장애도 이와 같다고 생각한다.

특히 요즘 시대는 눈부신 기술 발달로 인하여 모든 사소한 아이디어들이 큰 결과들로 이어지는 세상이다. 기회를 얻기 위해서 신체적인 장애를 그저 단점으로 바라보는 식상한 관점에서 탈피하여, 새로운 눈으로 이 세상을 보는 것. 그것이 가장 중요한 부분이 아닐까 하는 생각이 든다.

명당자리를 찾아라

청각장애가 있으면 시각이 예민해진다. 그 이유는 귀로 입력되는 정보의 부족함을 메우기 위해 시각을 많이 사용하게 되기 때문이다. 이것은 아마 본능적인 작용이 아닐까 생각한다.

청각장애인이 다른 사람과 대화할 때는, 일단 사람들이 하는 말을 정확하게 이해하기 위하여 입 모양부터 유심히 살펴야 한다. 하지만 이를 통해 다른 사람이 하는 말의 '내용'을 이해하는 것만으로는 충분하지 않다. 사람의 말에는 당연히 감정이 결부되어 있기 때문이다. 따라서 다른 사람의 말에 어떤 감정이 담겨있는지 알기 위해서는 표정까지도 세심하게 살펴야 한다.

또한, 일대일 대화가 아닌 다수와의 대화에서는 전체적인 분위기를 파악하기 위해 되도록 많은 사람의 표정과 몸짓을 집중해서 관찰해야 한다. 그래야 대충 대화의 흐름에 따라갈 수 있고, 낙오되지 않기 때문이다. 이는 나쁘게 보면 피곤한 일이고, 좋게 보면 관찰력을 키울 수 있는 좋은 기회이다. 관찰력이 좋아지면 당연히 사고력도 좋아지기 때문이다.

이는 어느 장소를 가든 나의 포지션에 영향을 주게 된다. 즉 사람들의 입 모양과 표정을 잘 관찰할 수 있는 자리를 찾는 것이다. 일례로 학창 시절에도 자리 때문에 고민이 참 많았었다. 청각장애인이 수업 시간에 선생님의 말씀을 가장 잘 들을 수 있는 자리는 어디일까? 대개 제일 앞자리가 좋을 것으로 생각하기 쉽지만, 전혀 그렇지 않다. 앞에서 말했듯이 청각뿐만 아니라 시각까지 함께 사용해야 하기 때문이다. 만약 제일 앞자리에 앉아있으면 다른 아이들의 표정과 분위기를 살피기 어렵게 된다.

그래서 가장 좋은 자리는 첫 번째 자리가 아닌, 두 번째 혹은 세 번째 자리이다. 상황 파악이 되지 않을 때는 나보다 앞줄에 앉은 아이들의 표정이나 몸짓, 분위기들을 관찰하여 대략 추측할 수 있기 때문이다. 조금이라도 많이 듣고자 맨 앞자리에 앉게 되면 옆이나 뒤를 돌아봐야 하는데, 그게 정말 쉬운 일이 아니다.

※ 소소한 팁 1
간혹 자리가 교탁과의 거리가 멀어서 청취 능력이 걱정될 때가 발생한다. 이럴 때는 보청기와 다이렉트로 신호를 주고받는 보청기 전용 마이크가 따로 있다. 이 마이크를 선생님이 착용하시면 거리가 조금 멀어도 청취가 훨씬 수월해진다. 선생님들 대부분이 충분히 허락해주시므로, 편하게 말씀드리면 될 것 같다.

※ 소소한 팁 2
간혹 보조기기를 활용해봐도 도움 되지 않는다고 말하는 친구들이 있다. 그런 경우는 다음 세 가지 중 하나이다.

1. 전체적인 볼륨이 너무 크게 세팅된 경우
2. 주변 환경 음이 너무 크게 들어와 오히려 청취가 방해되는 경우
3. 어음 분별력의 저하로 인하여 소리가 크게 들려도 말소리는 듣기 어려운 경우

이런 경우의 해결책은 다음과 같다.

1번과 2번의 경우에는 청능사와 상담하여 보조기기를 최적의 상태로 조절하면 훨씬 좋아진다. 하지만 3번의 경우에는 쉽지 않을 가능성이 높다. 보조기기를 아무리 잘 조절해도 어음에 대한 변별력 자체가 떨어져 있으면 한계점이 생기게 되기 때문이다. 이런 경우에는 1, 2번을 먼저 확인한 다음 사용할 때 가장 편안하게 청취할 수 있는 값을 찾아주는 것이 최선이다.

안타깝지만, 이 외에는 더는 어떻게 더 잘 해결할 방법이 없다. 그래도 낙심할 필요 없다. 꼭 100% 다 들려야 좋은 것만은 아니다. 부족한 부분은 내가 조금 더 노력하면 된다. 또한, 잘 들리는 비장애인이라고 해서 공부를 잘하는 것도 아니다. 이처럼 다각도로 생각해보면 마음의 답이 나온다. 모든 사람이 다 그렇겠지만, 특히 청각장애인에게 이런 긍정적인 마인드는 필수 아이템이라고 생각한다.

오재훈! 더 크게 읽으세요!

초등학교 국어 시간에는 교과서에 나오는 글을 한 명씩 이어서 읽는 경우가 있다.

"오늘 며칠이지? 15일이구나. 그럼 출석부 3번부터 한 번 읽어보자."

조금 재미있는 상황이다. 보통 15일이면 출석부 15번인 아이가 호명되는 경우가 많지만, 가끔 짓궂은 선생님들은 예측 불가의 번호를 호명하는 경우도 있었다. 물론 당시에는 그런 선생님의 위트가 하나도 재미있지 않았지만.

그렇게 출석부 3번인 다른 아이가 부랴부랴 교과서를 읽으면 나는 그것을 거의 듣지 않았다. 대신 나 혼자 마음속으로 따로 글을 읽어 나갔다. 그 이유는 듣는 것 자체가 늘 불편했기 때문에 들리는 건 무시하고, 혼자 읽는 것이 차라리 마음 편했기 때문이다.

다른 아이가 교과서를 읽고 있을 때는 멀티태스킹 능력이 필요하다. 즉 그 아이가 어디를 읽고 있는지 글씨를 따라가야 함과 동시에 글의 내용까지 이해해야 한다. 하지만 청각장애가 있는 나는 소리를 듣는 것조차 버거웠으므로, 내용까지 이해하는 것은 엄두가 안 났다. 그래서 다른 아이가 읽는 소리를 듣지 않고, 나 혼자 글을 읽고 미리미리 이해해야지 수업을 조금이나마 편하게 따라갈 수 있었다.

그렇다고 나 혼자 독서삼매경에 빠질 수도 없는 노릇이다. 눈을 부지런히 굴려서 주변 친구들이 책장을 넘길 때 같이 따라 넘겨야 했다.

나 혼자 책장을 넘기고 있으면 선생님께서는 내가 집중하지 않고 딴 짓을 한다고 오해하시기 때문이다. 그러면 꼭 지명을 당해서 다음 지문을 읽어야 하는 난감한 상황이 생기게 된다. 그래서 나는 그런 식으로 지명을 당한 적이 꽤 많은 편이다.

그럴 때마다 나는 당황해서 빨개진 얼굴로 옆에 있는 짝꿍에게 물어 물어서 겨우 글을 읽어 내려가곤 했었다. 덕분에 목소리도 개미처럼 기어들어 갔고.

"오재훈! 더 크게 읽으세요!"

그러면 선생님께서는 화난 목소리로 더 크게 읽으라고 지시하셨고, 나는 에라 모르겠다 하는 심정으로 교실이 쩌렁쩌렁하게 울리도록 글을 읽곤 했었다.

지금에서야 이렇게 편안한 마음으로 회상할 수 있는 에피소드이지만, 어리고 착했던(?) 그 당시에는 너무 부끄럽고 당황스러워서 진땀을 삐질삐질 흘렸었던 것으로 기억난다.

우리는 어떤 문제를 만나면 우리의 가능성과 잠재력을 스스로 축소하는 경우가 많은 것 같다. 이 경우만 해도 그렇다. 그저 "죄송합니다. 잘 들리지 않아서 혼자 읽고 있었습니다."라고 말하면 될 일이 아닌가. 그렇게 한 번만 해두면 남은 1년이 편할 것을.

하지만 나는 그런 생각을 전혀 하지 못했다. 그래서 늘 "죄송합니다. 앞으로 그러지 않겠습니다."라는 말을 반복해야만 했다. 당시에는 친구들과 다른 나의 상황을 설명하는 것이 마치 구차한 변명을 하는 것처럼 느꼈었던 것 같다. 하지만 지금 생각해보면 그것은 변명이 아니라 당연히 받아야 할 배려였다.

한편으로 그때는 사춘기 시절의 호기로 인해서 그런 배려조차 받지 않겠다는 심리도 은연중에 있었던 것 같다. 지금은 이렇게 생각한다. '배려받는 것을 두려워하지 말자.' 배려를 잘 받는 사람이 되어야 남을 잘 배려하는 사람이 될 수 있다. 이 세상은 사람들의 크고 작은 배려 없이는 결코 돌아갈 수 없기 때문이다.

※ 소소한 팁

선생님도 청각장애 학생은 처음 가르치는 경우가 있을 수 있다. 특히나 특수 교사가 아니라면 장애 학생을 이해하는 데에 시간이 걸릴 수밖에 없다. 그래서 선생님들이 미리 알고 계시면 좋을 만한 내용들을 정리해보았다. 부모님들은 학기 초에 선생님에게 이런 내용을 미리 전해주면 아이도 스트레스를 받지 않고, 선생님도 배려의 기쁨을 누릴 수 있으리라 생각한다. 배려는 받는 사람뿐만 아니라 하는 사람도 기쁜 것이기 때문이다.

1. 친구들이 호기심에 보청기를 만지거나 뺄 수 있습니다.
(이런 경우에는 안경과 똑같은 것이라 설명해 주시고, 만지거나 장난치지 않도록 지도해 주시기 바랍니다.)

2. 보청기의 특성상 말하는 화자와의 거리가 1미터만 멀어져도 소리가 멀게 느껴집니다.

3. 강당과 같이 울림이 많은(반향음) 공간에서는 말소리를 구분하는 것이 어려울 수 있습니다.

4. 소리가 나는 방향에 따라서 어음 변별력에 차이가 생기므로, 될 수 있으면 정면에서 이야기를 해주시는 것이 가장 선명하게 들립니다.

5. 조용한 환경에서 대화하더라도 상황에 따라서 이해를 못 할 수도 있습니다.
(들리는 것과 별개로 말소리 구분 능력(인지능력)이 떨어지기 때문입니다.)

6. 아이에게 무언가를 지시할 때는 입 모양을 보여주면서 이야기해주는 것이 좋습니다.
(하지만 너무 과하게 입을 크게 열어서 보여주면 오히려 리딩이 어렵습니다.)

7. 난청의 특성상 고도 난청일수록 억양(뉘앙스)의 차이를 인식하지 못하는 경우가 있습니다.
(꾸중하는 말을 장난치는 것으로 알아들을 수 있습니다. 이에 대해 무시하거나 말을 듣지 않았다고, 오해하지 말아 주십시오.)

8. 선생님께서 말씀하실 때 아이가 선생님을 바라보고 있지 않다면, 딴청을 하는 경우보다 듣지 못하고 있을 가능성이 큽니다.
(이때에도 선생님의 말씀을 무시한다고 오해하지 말아 주십시오. 어깨를 톡톡 두드려서 현재 상황을 스스로 파악할 수 있도록 유도해 주시기 바랍니다.)

9. 감사합니다. 정말 감사합니다. 정~~~말 감사합니다. 대단히 감사합니다. 너무너무 감사합니다.

게임 같은 인생, 인생 같은 게임

　초등학생 시절, 주말은 나에게 매우 소중한 날이었다.
　친구들과 아름다운 우정을 나누는 날, 바로 PC방에 가는 날이었기 때문이다. PC방에 가면 같이 게임을 하는 친구들과 늘 같은 자리에 앉았고, 우리는 0.1초 정도 깊은 눈인사를 나누었다. 그리고 즉시 게임에 돌입하였다.

　그때 내가 빠져있던 게임은 '서든 어택'이라는 게임인데, 쉽게 말해서 총쏘기 게임이다. 이 게임에서 우리는 5명이 팀을 형성해서 각자의 자리 배치, 활동 반경, 무기 등을 정하고, 어떻게 하면 적의 기지를 돌파할 수 있을지에 대하여 전략을 짠다. 그런 후 적의 위치나 동태 등에 대하여 서로 소통하면서 게임을 진행하게 되는 것이다.

　요즘 게임들은 단순한 오락 이상인 경우가 많다. 즉 그저 즐기기 위한 게임을 넘어, 이기고 지는 승패와 관련된 게임이 많은 것이다. 그러니 당연히 엄청난 집중력을 발휘해서 몰입하게 된다. 나와 내 친구들 역시 단순히 총을 쏘며 즐기는 수준을 넘어서 클랜(연합)을 만들고, 높은 승률과 상위 랭크 안에 들어가는 것을 목표로 게임을 했었다.

　나와 같이 게임을 했던 다섯 명의 친구는 모두 승리욕이 강했다. 그래서 게임의 상대가 설령 중학생 형들이라 하더라도 절대 지는 것을 용납하지 않았다. 그렇게 열심히 게임에 집중한 결과, 중학생 형들의 클랜과 대항하여 이기는 날도 종종 생기기 시작했다. 그런 날이면 나는 이 세상이 아름답다는 무한한 희열과 정복감 같은 것에 휩싸이곤 했다. 역시 0.1초 정도지만.

Chapter 3 | 청각장애 에피소드

게임을 할 때도 청각은 중요한 인지 기능을 한다. 그래서인가? 게임을 할 때마다 구멍은 항상 나였다. 예를 들면, 상대 팀의 발소리를 듣고 적의 위치 파악도 해야 하고, 우리 팀과 소통하면서 우리 팀이나 적의 상황도 전달받아야 하고, 또 지원 요청이 오면 즉시 달려가야 하는 급박한 상황들이 계속 이어진다. 이처럼 청각은 게임을 하는 데 필수적인 역할을 하게 된다. 청각이 정상이어야지 게임의 모든 상황이 3D로 머릿속에 그려지는데, 나는 그게 힘들었다. 그래서 다들 3D 게임을 할 때도, 나만 2D 게임을 하고 있었다.

그래도 당시 친구들이 내 장애를 잘 이해해주었기 때문에 욕을 먹은 적은 거의 없었다. 또한, 나름 내 역할을 잘 해내기도 했었다. 게임을 할 때면 나는 초집중 모드로 돌입해서 좋은 결과를 만들어내려고 정말 최선을 다했기 때문이었다.

이런 상황이 오직 게임 속에서만 벌어질까. 아니다. 일상에서도 청각장애인들은 항상 급박한 상황에서 대처 능력이 떨어질 수밖에 없다. 학생 때는 수업이나 토론 수업에서 즉각적으로 대처하지 못하는 경우가 많고, 직장 생활을 하거나 사업을 할 때 필요한 손님 응대, 혹은 미팅 시에도 순간순간 잘 대처하지 못하는 경우가 많다. 즉 미리 계획된 일이나 나 혼자 처리할 수 있는 일에서는 별다른 문제가 없지만, 즉각적으로 대처해야 하는 일이나 공동으로 처리해야 하는 일에서는 항상 어려움이 따르는 것이다.

요즘은 간혹 인생이 게임과 비슷하다고 생각한다. 먼저, 둘 다 목표가 있다. 게임에서는 미션을 완료하거나 게임 클리어를 목표로 하고, 인생에서는 각자의 취향이나 가치관에 따라서 자신이 추구하고자 하는 목표가 있다. 이러한 목표를 통해 우리는 앞으로 계속 나아가며 더 나은 삶을 위해 노력하게 된다. 다음으로, 둘 다 성공과 실패가 존재한다. 게임에서는 게임 클리어에 성공하거나 실패할 수 있으며, 인생에서도 매 순간 성공과 실패가 존재한다. 여기서 중요한 것은 실패가 끝이 아니라는 사실이다. 게임의 가장 중요한 특징 중 하나가 언제나 새로운 게임을 할 수 있다는 사실이다. 인생도 마찬가지이다. 안타까운 실패를 인생의 끝이 아니라 새로운 도전의 시작으로 생각하고 다시 도전할 수 있는 것이다. 마지막으로, 둘 다 경험을 통해 능력을 향상할 수 있다는 점을 들 수 있을 것 같다. 게임에서는 레벨을 올리거나 아이템을 얻음으로써 능력치가 향상되고, 인생에서도 경험과 노력을 통해 능력이 향상되는 것이다.

이외에도 내가 가장 중요하게 생각하는 게임과 인생의 공통점이 하나 더 있다. 그것은 둘 다 즐거움을 추구한다는 점이다. 게임을 하는 사람은 당연히 게임이 주는 재미와 즐거움을 추구하고, 인생에서도 누구나 자기 삶을 즐겁고 행복하게 만들기 위하여 노력한다. 이러한 즐거움을 추구하는 과정에서 게임도 발전하고 삶도 더욱 풍요로워지는 것이다.

그런데 게임을 하다 보면, 어느새 경쟁과 승패에 사로잡혀서 즐거움을 놓치는 경우가 많다. 요즘에도 나는 센터를 운영하며 손님들과 상담할 때면, 전투 태세에 돌입하는 나의 모습을 종종 발견한다. 바짝 긴장한 채 최대한의 집중력을 끌어내기 위해 노력하는 것이다. 그럴 때마다 나는 게임의 본질을 떠올린다. 바로 즐거움이다. 나도 즐겁고, 손님들도 즐겁게 하려면 어떤 마음가짐으로 일에 임해야 할지 생각해본다. 그래서인지 지금은 예전보다 덜 긴장하고, 손님들과 편안하게 대화를 나눌 수 있게 되었다.

쫓는 삶과 선의의 삶

나는 사람들 대부분이 타인에 대해 호의를 가지고 있다고 믿고 있다. 그런 호의는 의외로 주변에서 쉽게 발견할 수가 있다. 예를 들면, 편의점의 문을 열고 들어갈 때 앞서서 들어가는 사람이 뒤따라 들어가는 사람을 위해 문을 잡아주는 경우를 볼 수 있다. 나 역시 그렇게 한다. 그럴 때마다 나는 이런 생각을 한다. 우리가 서로 이해관계가 없이 만난다면, 우리는 우리 모두에 대하여 서로 좋은 사람일 것이라고.

때로는 호의의 수준을 넘어서 선의의 마음마저 느껴지는 경우도 적지 않다. 물론 그렇지 않은 사람도 분명히 있을 것이다. 타인에 대해 악의를 가진 사람들도 분명히 있는 것이다. 나는 그런 사람들의 삶은 어둠 속에서 헤매는 삶이라고 생각한다. 이에 나는 그런 사람들을 기준으로 나의 삶을 결정하고 싶지는 않다. 나는 세상에 빛이 있음을 전제에 두고, 그 빛을 향해 나아가는 삶을 지향한다. 그러므로 나는 늘 다른 사람에게 최대한의 친절과 호의를 베풀려고 노력하는 편이다. 지금까지 나는 충분히 깊은 어둠 속에서 살았다고 생각한다. 따라서 이제는 최대한 밝은 햇살을 느끼며 살고 싶다.

또한, 호의에는 상호작용이 존재한다고 생각한다. 우리가 다른 사람에게 호의를 베풀어 주면, 그에 상응하는 호의를 받게 되는 경우가 많다. 이러한 상호작용은 우리에게 큰 보람을 주기도 하며, 자신이 느끼는 보람되고 따뜻한 감정을 양쪽에서 공유할 수 있게 해준다. 게다가 다른 사람에게 호의를 베풀 때는 우리의 내적인 성숙도도 함께 발전하게 된다. 그것은 마음의 작용인데, 열린 마음을 갖고 호의를 베푸는 태도로 인생을 살아가면, 우리는 더욱 넓은 시야로 세상을 바라볼 수 있게 된다. 또한, 어떤 일이든 긍정적인 방향으로 접근할 수 있는 자세를 가지게 된다.

그런데 호의를 베풀어도 그에 상응하는 호의를 받지 못할 때가 있다. 이때 우리는 상대방의 선택에 대해 단호하게 수용하는 것이 중요하다. 상대방의 선택은 나의 선택과 직접적인 연관이 있는 것이 아니며, 그 사람의 선택은 그 사람의 자유라는 것을 받아들여야 한다. 그 사람의 자유를 인정해줄 때, 나의 자유도 인정받을 수 있기 때문이다. 그래서 상대방의 반응이 어떻든지 간에, 내가 자유롭게 선택하면 된다. 반응하지 않는 삶, 즉 반응이 아닌 선택하는 삶만이 우리를 삶의 승자로 만들어 준다고 나는 믿는다.

나는 청각장애 때문에 상대방의 호의와 선의를 경험하는 경우가 자주 있다. 그런 경험은 나에게 있어서 너무나 감사한 경험들이다. 그런 경험을 할 때 마다 우리는 서로서로 연결되고, 의존되어 있다는 사실을 깨닫게 된다.

초등학교 시절 어느 뜨거운 여름, 나는 친구들과 함께 강원도 홍천의 어느 계곡에 놀러 갔었다. 뜨거운 여름을 배경으로, 그 계곡은 타오르는 더위를 식혀주는 천국과도 같았다. 푸른 하늘과 따사로운 햇살, 그리고 살랑이는 여름 바람은 절정에 달한 계절의 아름다움을 느끼기에 충분했다. 그 속에서 나와 내 친구들은 맑은 계곡의 시원함과 청량감을 느끼며, 정말 즐거운 시간을 보냈던 기억이 난다. 특별한 그 계곡을 공유하고 싶지만, 아쉽게도 계곡 이름은 잘 기억나지 않는다. 그냥 좋은 계곡이라고 하자.

나는 물놀이를 하면 보청기가 물에 젖으므로, 어쩔 수 없이 귀에서 보청기를 빼야 한다. 그렇게 보청기를 빼고서 좋은 계곡의 시원한 물에 발을 담그고, 친구들과 물장구도 치고, 맑은 물속의 작은 물고기 떼들도 보면서 한여름의 평화롭고 아름다운 정취를 즐기고 있었다. 그런데 갑자기 이름 모를 민물고기 한 마리가 내 눈을 사로잡았다. 이내 나는 그 물고기를 쫓아 계곡을 따라 걷기 시작했다.

"딱!"

갑자기 어디에선가 돌멩이 하나가 날아와서 나의 뒤통수를 때렸다.

"뭐지?"

놀란 나는 주위를 둘러보았다. 친구들은 저 뒤쪽에서 자기들끼리 신나게 놀고 있었으므로, 친구들이 장난친 것은 아닌 것으로 보였다. 알 수 없는 의문을 지우고, 나는 다시 물속 바위 틈새로 요리조리 헤엄치는 물고기를 따라갔다.

"딱!"

또다시 돌멩이가 날아왔다. 이번에는 정말 화가 나서 씩씩거리며 주위를 휙휙 둘러보았다. 역시 친구들은 저 멀리서 세상모르고 물장구를 치고 있었다. '친구들은 아닌 것 같은데, 도대체 누구지?'

등잔 밑이 어둡다고, 내 옆쪽으로 몇 미터 떨어진 계곡 바깥에서 어떤 아저씨가 나에게 손짓하면서 뭐라고 소리치는 모습이 눈에 들어왔다. '내가 뭘 잘 못 했나? 내가 무슨 피해를 준 게 있나?' 그 아저씨의 표정을 보니 무언가 많이 화가 난 듯해 보였다.

아저씨의 입 모양을 유심히 보면서 손짓이 가리키는 곳을 보니, 아뿔싸! 한 10미터 앞쪽에 매우 가파른 경사가 보였고, 그 경사를 따라 물살이 매우 거칠게 휘몰아치는 것이 눈에 들어왔다.

갑자기 정신이 확 들었다. 그와 동시에 마치 몽롱한 꿈에서 깨어 생생한 현실로 돌아오듯, 평화롭던 계곡의 물살이 세차게만 느껴졌다. 갑작스러운 현실회귀(?)로 인하여 나는 어지러움을 느끼며, 그 자리에 털썩 주저앉아 옆에 있던 바위를 붙잡았다. 보청기를 뺀 나는 물속의 민물고기에 마음을 뺏겨 주변을 전혀 인식하지 못했고, 바로 앞쪽으로 계곡이 가파른 경사를 이루면서 세찬 물줄기를 만들어내고 있었던 것이다.

그 아저씨는 나를 발견하고 몇 번이나 큰 소리로 말했지만, 내가 전혀 인지하지 못하자 경고하기 위해 돌멩이를 던진 것이었다. 그는 내가 청각장애인임을 당연히 몰랐고, 내가 물고기에 정신이 팔려 아래만 보면서 위험한 곳으로 걸어가고 있다고 생각했을 것이다.

아저씨는 급히 나에게 튜브를 던져주셨다. 나는 그 튜브를 잡고 후들거리는 다리는 느끼며 계곡 바깥쪽으로 빠져나왔다. 아저씨에게 손짓과 몸짓으로 잘 들리지 않았다는 것을 표시하자, 그제야 모든 상황이 이해되신 듯 아저씨는 내 머리를 쓰다듬어 주시고는 밝게 웃어주셨다. 그때 만약 그 아저씨가 나를 발견하지 않았다면, 나는 위험에 빠졌을지도 모른다.

이처럼 사람들은 자기 이익과 아무런 관련이 없어도 남을 돕고자 하는 마음을 가지고 있다. 나는 그런 사람들이 많은 세상이 살기 좋은 곳이고, 아름다운 곳이고, 행복한 곳이라고 생각한다. 삶의 어두움을 안고 살아야 하는 인간의 숙명, 그럼에도 불구하고 종종 발견하게 되는 세상의 아름다움. 그런 생각을 하면 내 마음이 촉촉해진다.

어쩌면 나는 늘 그 안에서 헤매고 있는 것이 아닐까? 삶의 어두움과 아름다움 사이에서 무언가 화려한 것을 쫓으면서, 마치 물고기의 화려한 몸놀림에 빠져 계곡물 속에서 헤매듯이.

사랑이란?

나는 어렸을 때부터 물건을 자주 망가뜨렸다. 라디오 버튼을 너무 세게 눌러서 작동이 안 되거나, 설거지하는 도중 그릇을 깨뜨리거나, 휴대전화를 너무 세게 내려놓아서 흠집이 생기는 등 내 손을 거치면 망가지는 물건이 많았다.

"혹시 화났니?" 사람들이 나에게 종종 물어보았다. 사실 나는 화난 것이 아니었다. 오히려 마음이 너무 평화로웠다고 말하는 것이 더 정확하리라. 왜? 잘 들리지 않으니 세상이 너무 조용했기 때문이다.

라디오 버튼을 누를 때도 '딸깍'하는 소리가 잘 들리지 않아 더 세게 눌렀던 것이고, 설거지할 때도 그릇끼리 부딪히는 소리가 잘 들리지 않아 힘 조절을 못 했다. 마찬가지로 휴대전화를 책상 위에 내려놓을 때도 소리를 잘 듣지 못해서 강도 조절이 어려웠던 것이다.

보통 청각장애라는 것을 의사소통의 문제에 국한되어 생각하지만, 행동의 강약을 조절할 때도 청력은 많은 관련이 있다. 우리가 움직이거나 어떤 행위를 하게 되면, 그것에는 반드시 소리가 동반된다. 그리고 우리는 그 소리 정보에 따라서 무의식적으로 행동의 강약을 조절하게 된다.

이후 대학에서 보청기를 전공하며 보청기에는 순간적인 '충격음'을 제어하는 기능이 있음을 알게 되었다. 이 기능은 귀를 보호하기 위해 순간적으로 들어오는 과도한 충격음을 소음으로 간주하여, 작게 만들거나 아예 들리지 않게 하는 기능이다. 만약 이와 같은 기능이 없다면 보청기 사용자들은 수시로 갑작스럽고, 요란한 다수의 소리에 노출되어 적지 않은 스트레스를 받을 것이다.

보청기를 착용하고 있는 대부분의 청각장애인들은 이러한 충격음들이 의도적으로 제어되고 있다는 사실을 모른다. 그래서 대부분 자신이 거칠게 행동하고 있다는 사실을 인지하지 못한다.

청각장애인들뿐만 아니라 비장애인들은 이러한 사실을 더 모를 수밖에 없다. 그러나 이 글을 읽는 비장애인들은 이제 이해할 수 있으리라 생각한다. 청각장애인들이 특정한 행위를 할 때 왜 종종 화난 것처럼 보이는지 말이다.

꼭 청각장애만이 아니다. 세상에서 일어나는 많은 일들이 이해의 대상이 아닐까 생각된다. 알고 보면 정말 아무렇지 않지만, 모를 때는 오해만 생기고 밉게 느껴진다. 즉 물리적으로 달라지는 것이 아무것도 없더라도, 인식 하나만 달라지면 모든 것이 달라지는 것이다.

같은 논리로, 이 세상에서 이해하지도 않고 사랑할 수 있는 것은 아무것도 없다고 생각한다. 사랑에 대해서 많은 정의와 설명이 있겠지만, 나는 이해야말로 진정한 사랑의 핵심이라고 생각한다. 하지만 이해라는 것이 말처럼 쉽지 않다. 서로의 견해나 취향이 맞지 않아서 충돌하거나, 상대방의 행동이 이해되지 않아서 짜증이나 화가 나는 경우도 많다.

그러면 그럴수록 이해는 더욱더 필요하다. 견해나 취향이 맞지 않거나, 행동이 이해되지 않는 것 자체가 그 사람을 잘 알지 못하는 데서 비롯되기 때문이다. 이 세상을 살아가는 모든 사람은 각기 저마다 다른 성격과 다른 경험, 다른 지식을 가지고 있으므로, 서로 다르지 않다면 그것이 오히려 이상한 일이다. 그래서 마음을 열어두고 상대방이 왜 저런 말을 하고 행동하는지, 그 사람의 입장에서 생각해보는 것이 정말 중요하다고 생각한다. 이런 이해의 힘이 강해지면 가족관계, 연인관계뿐만 아니라 돈을 버는 일에도 정말 많은 도움이 된다.

나의 경우, 예전에는 어머니의 잔소리가 잘 이해가 되지 않았다. 우리 어머니는 차분한 성격이고, 잔소리를 아끼는 편이시다. 그런데 어릴 때 내가 조금 예민한 성격이어서 그런지 가끔 지나치는 어머니의 말씀이 과한 잔소리로 들리기도 했다.

성인이 되고 나서야 어머니의 관점에서 생각해보게 되었다. 우선 어머니가 잔소리 미사일을 날릴 때마다 왜 그렇게 말씀하신 것인지 곰곰이 생각해보았다. 그 결과는 충격적이었다! 어머니의 모든 잔소리는 나를 걱정하는 마음과 사랑하는 마음이 담긴 잔소리였던 것이다. '아. 어머니께서 나를 이토록 사랑하신다는 말인가! 왜 나는 그것을 몰랐을까?' 그런 생각이 전두엽을 스치는 순간 어머니께 정말 죄송한 생각이 들었다. 그래서 괜히 어머니께 다가가서 애교도 조금 부리고 했더니 또 잔소리 미사일이 날아왔다. 징그럽다. 꺼져라. 그래서 나는 생각했다. '아! 내 어머니는 나를 너무 사랑하셔서 내가 죄책감을 느끼지 않게 하시려고 이렇게 또 잔소리하시는구나!' 하고.

결론 : 사람은 누구나 자신을 이해해주고 공감해주는 사람에게 애정을 느끼게 된다. 그래서 이해가 곧 사랑이 되는 것이다.

할 수 있을 때 한다는 것

여름이면 워터파크나 바다로 놀러 가자는 친구들의 연락을 받곤 한다. 하지만 나는 물을 별로 좋아하지 않아 거절하기 일쑤이고, 우정 때문에 같이 가더라도 물놀이는 거의 하지 않는다.

수영이나 물놀이할 때는 귀에서 보청기를 빼야만 한다. 그러나 보청기를 빼는 순간부터 아무 소리도 들을 수 없어 신경이 곤두서게 된다. 수영이라는 것은 단순히 물속에서 몸을 움직이는 촉각적 행위가 아닌, 매우 청각적인 행위라고 볼 수 있다. 그 이유는 물속에서 움직일 때마다, 그 움직임에 반응하는 물이 내는 소리 정보를 끊임없이 확인하는 행위이기 때문이다.

듣지 못한다는 것은 일상에서 다양한 어려움을 겪게 만든다. 한가지 예로 보청기를 착용하지 않은 채 외출하는 것은 굉장히 위험한 일이다. 보청기를 착용하면 교통량이 많은 길거리를 걸을 때나, 대중교통을 이용할 때 외부의 다양한 소리를 들으며 적절히 대응하여 안전을 유지할 수 있다. 그러나 보청기를 착용하지 않으면 주변 소리를 인지하지 못해 타인과의 충돌이나 교통사고 등 위험한 상황에 노출된다. 이는 마치 시력이 좋지 못한 사람이 안경을 쓰지 않고 외출하는 것과 같다고 할 수 있다. 안경을 쓰지 않았다면 사물을 또렷이 파악할 수 없어, 주변 상황을 인식하지 못하고 위험에 노출될 수 있다는 것이다.

특히 보청기를 착용하지 않으면 모든 정보를 시각적인 단서에 의존해야 한다. 그래서 현재 내 주변이 어떤 분위기인지 확인하려면, 주변 사람들의 표정과 입 모양을 더욱 주의 깊게 살펴야 한다. 이게 은근히 큰 긴장을 유발한다. 또한, 사람이 많은 곳에서는 긴장을 넘어 공포심을 느낄 때도 많다.

반면에 누군가와 함께 있을 때 보청기를 빼고 있다는 것은, 그만큼 그 사람이 의지가 되고 편하다는 뜻이기도 하다. 그 사람이 나의 장애에 대한 배려심이 높은 사람이기 때문이다.

하지만 대부분 어린아이가 그렇듯이, 나 역시 어린 시절에는 얕은 물에서 물놀이하는 것을 참 좋아했다. 그러나 지금까지도 수영은 겁이 나서 엄두를 내지 못하고 있다. 수영을 배우려면 일단 수업을 들어야 하는데, 수업이란 것이 말로 이루어지지 않는가. 즉 물속에서 수영하면서 동시에 수영 코치의 입 모양과 표정까지 살핀다는 것은 매우 어려운 일이기 때문이다.

그렇다고 내가 수영을 배우고 싶지 않다는 뜻은 아니다. 나도 남들처럼 더운 여름날 바닷물 속에 첨벙 뛰어들어 물장구도 치고, 수영도 하고 싶다. 왜 그럴까? 그것은 나에게 금기시되었거나 제한된 무엇이기 때문이 아닐까? 사람은 누구나 금기시되거나 제한된 무언가를 더 하고 싶어 하는 욕구가 있다. 그런 욕구가 있으므로 인류의 역사가 발전되어 온 것이리라. 저 바다를 건널 수 없는 인간의 몸이 배를 만들었고, 저 하늘을 날 수 없는 인간의 몸이 비행기를 만들었듯이. 어쨌든 나는 청각장애로 인한 제약으로 남들처럼 물놀이를 즐기거나 수영을 할 수 없다.

나는 워터파크나 바닷가에 가서 주로 보는 일을 한다. 썬배드에 눕거나, 해변의 모래사장 위에 앉아서 신나게 물놀이하며 즐거워하는 사람들을 유심히 보는 것이다. 그들은 즐겁기 그지없고, 나는 그저 그 즐거움을 바라본다. 그리고 나는 안다. 물놀이가 얼마나 즐거운 일인지를. 독자들에게 꼭 말하고 싶다. 비장애인이라는 것, 그 자체로 굉장히 축복받은 삶을 살아가고 있다는 것을!

무언가를 할 수 있지만 하지 않는 것과 할 수 없어서 못 하는 것은 크나큰 차이가 있다. 무언가를 할 수 있다면 지금 당장 해야 한다. 어쩌면 그 무언가는 그것을 할 수 없는 자가 그토록 원하던 것일 수 있기 때문이다.

우리는 사랑할 수 있을 때 사랑해야 하고, 효도할 수 있을 때 효도해야 하고, 성공할 수 있을 때 성공해야 하고, 행복할 수 있을 때 행복해야 한다. 비록 그것이 우리에게 좌절과 시련을 안겨줄지라도 말이다. 누구나 한 번 만에 수영을 배울 수는 없다. 수영을 배우며 수많은 좌절과 시행착오를 경험하더라도 우리는 할 수 있을 때 해야 한다.

그런 것들을 해야 한다는 말이, 반드시 그런 것들을 이루어야 한다는 말은 아니다. 우리가 엄청난 수영선수가 되지 않더라도, 우리가 엄청난 성공을 거두지 않더라도, 우리가 엄청난 행복을 얻지 않더라도, 우리는 할 수 있을 때 도전해야 한다. 그것 자체가 엄청난 축복이라는 것을 우리는 알아야 한다.

이런 생각을 하며 책을 쓰는 와중에 기쁜 소식이 하나 들려온다. 완전 방수형 보청기가 출시되었다는 것이다. 충전형으로만 나와서 조금 아쉽지만, 그래도 이게 어디인가? 이 정도도 감지덕지라고 생각한다.

이제 나도 수영을 배울 수 있게 되었다! 몇 년 후에는 반드시 나도 여유를 만들어 수영을 배울 생각이다. 이 책을 쓰는 지금 순간, 한여름의 뜨거운 태양 아래에서 바다를 가르는 나의 모습이 머릿속을 스쳐 지나간다.

누구의 잘못도 아닌 일

나도 대학 시절 이런저런 아르바이트를 했었다. 그러나 청각장애가 있었으므로 내가 할 수 있는 일과 할 수 없는 일은 명확하게 구분되었다.

보통 긴밀한 의사소통을 요구하지 않는 일은 청각장애가 있어도 아무 문제가 없었다. 나에게 주어진 일만 정확하게 처리하면 되기 때문이다. 하지만 긴밀한 의사소통이 필요한 일을 수행하는 것은 아무래도 무리였다. 이처럼 장애가 있으면 자신만의 경험을 만들어가는 데에도 어느 정도 제한이 생길 수밖에 없다.

면접을 볼 때마다 미리 장애가 있다는 사실을 밝혔는데, 거의 절반은 퇴짜를 맞았다. 사람들은 청각장애가 있으면 무조건 일을 잘하지 못할 것으로 생각하기 때문이었다. 실제로 일을 맡겨서 객관적으로 따져보지도 않고 판단하는 게 과연 옳을까? 그러한 것들로 마음의 상처를 받은 것은 아니다. 나는 이미 나의 장애를 안고 산 지 오래되었다. 그래서 그것이 너무 익숙할 만큼 당연한 현실로 받아들이고 있으므로 '어쩔 수 없지 뭐!' 하는 마음이 들었던 것이다.

대학생 때의 일이다. 학교 앞 이자카야에서 서빙 아르바이트를 구한다는 소식을 들었다. 서빙 아르바이트는 한 번도 해본 적 없지만, 왠지 좋은 경험이 될 것 같다는 막연한 기대에 지원하게 되었다. 물론 주문을 받고, 그것을 변별해서 주방에 전달하는 간단한 과정들이 청각장애가 있는 나에게는 어렵지 않을까 하는 고민도 들었다. 하지만 '일단 해보자!'라는 생각으로 도전을 해본 것이었다.

"귀가 잘 안 들려서 손님 말을 잘 못 들을 수도 있지만, 열심히 해보겠습니다." 이처럼 나는 처음 면접을 보는 날 사장님에게 나의 장애 사실을 알리고 양해를 구했다. 내 말을 들은 사장님은 주문받기와 음식 나르기, 이 두 가지만 잘하면 되니까, 큰 문제가 되지 않을 거라며 한 번 같이 해보자고 말씀하셨다. 당시에는 코로나 상황으로 마스크를 쓰지 않았으므로, 손님의 입 모양을 충분히 볼 수 있었다. 이에 메뉴와 가격만 잘 외우면 나도 충분히 할 수 있으리라고 생각했고 자신감도 생겼다.

드디어 서빙 알바 1일차.

아무래도 서빙은 처음이다 보니 기대와 긴장이 교차했다. 가슴은 잘 할 수 있다고 외치고 있지만, 더 깊은 마음속에서는 실수에 대한 두려움과 걱정이 가득했다.

내 인생 첫 주문을 받았다. 역시나 의사소통이 온전하지 않아서 몇 번 되묻는 과정이 있었다. 이는 전적으로 귀가 잘 들리지 않아서라기보다는, 내가 메뉴를 충분히 숙지하지 않아서 겪는 시행착오이기도 했다. 나는 어찌어찌해서 그럭저럭 주어진 임무(?)를 완수할 수 있었다. 그리고 다음 주문, 또 다음 주문을 이어받으면서 차츰 일에 익숙해졌고, 어느 순간부터 주문받기와 서빙을 문제없이 해낼 수 있게 되었다. 하지만 여기까지.

"여기요~"

문제는 다른 데서 나왔다. 중간중간 알바를 부르는 다급한 목소리가 문제였다. 이렇게 중간에 추가 주문이 들어오면 나는 혼란에 빠지곤 했다. 보청기를 끼면 소리를 잘 들을 수 있으나, 그 소리의 위치까지 정확하게 인지되는 것은 아니다. 그래서 나를 부르는 소리가 왼쪽에서 나는 건지 오른쪽에서 나는 건지 정확하게 파악하기 어려웠다.

간혹 손을 들며 나를 부를 때에는 눈치껏 파악할 수 있었지만, 그렇지 않을 때는 도대체 어디서 나를 부르는지 아리송했다. 게다가 그 가게에는 테이블별로 비치된 주문용 벨도 없었다. 또한, 나는 그럴 때마다 당황하는 바람에 손님이 주문하는 말도 잘 변별하지 못했다. 크나큰 좌절감이 몰려왔다.

'아. 이건 내가 할 수 있는 일이 아니었구나.' 일을 하면 할수록 나의 자존감은 바닥을 쳤다. 자꾸만 일을 엉성하게 처리하는 내 모습을 본 사장님은 따로 나를 부르셨다. 그리고 일당을 손에 쥐여주시며 다른 아르바이트를 구해보라고 말씀하셨다. 그렇게 일하던 가게를 나와 길거리에 섰다. 네온사인이 번쩍이고 있었고 사람들은 바삐 저마다 길을 가고 있었다. 내 마음속에는 스산한 바람이 스쳐 지나갔다. 고개를 들어 하늘을 쳐다보니 검은 하늘에 별들이 반짝이고 있었다. '저 별들처럼 나에게도 잘 어울리는 위치가 있겠지?' 나는 그런 생각을 하며 터벅터벅 걸었다.

정처 없이 길을 걸으며 마주치는 모든 것들이 나의 눈과 귀를 사로잡았다. 오늘 내가 바라보는 세상은 이전에 바라보던 세상과는 조금 다르게 느껴졌다. 밤하늘의 반짝이는 별빛은 조금 더 선명하게 느껴졌고, 땅을 바라보면 그동안 보이지 않았던 사소한 것들이 보이기 시작했다. 지나가는 사람들의 표정을 바라보면, 그 사람들의 인생이 한 편의 영화처럼 보이는 듯했다. 그리고 이 모든 것이 새롭고 아름답게 느껴졌다. 왜 그랬을까. 나는 그날 서빙 아르바이트를 하다가 처참하게 실패했는데 말이다.

　지금도 잊히지 않는 그 느낌은 무엇이었을까 하고 이제 와 생각해보면, 아마도 내 한계를 명확하게 인지했기 때문이었던 것 같다. 내 한계를 파악한다는 것은 동시에 나의 잠재력을 확인하는 것이니 말이다. 나의 잠재력을 내가 가슴 속으로 느끼니 세상이 다른 모습으로 나에게 느껴졌던 것 같다.

　집으로 돌아와 누워서도 많은 생각이 떠올랐다. 생각해보면 이건 사장님의 잘못이 아니었고, 손님의 잘못도 아니었다. 그렇다면 나의 잘못이었을까? 그것도 아니었다. 그래서 나는 이렇게 생각했다. '그래. 나의 부족함이라고 생각하자. 부족함은 채워나가면 되는 거니까.' 그렇게 생각하니 이번 경험이 무용한 경험이 아니었다는 사실을 알게 되었다. 사람은 실패를 통해 더 많은 것을 배운다는 것은 진리라고 생각한다. 실패 또한 성공으로 가기 위한 당연한 과정일 뿐이다.

엄마~ 나는 잠꾸러기인가요?

우리가 세상을 살아가는 것을 운동회라고 가정해보자. 우리의 아이들은 모두 100미터 달리기를 하기 위해 출발선에 서 있다. 그때 하늘을 가르는 우레와 같은 소리가 정적을 깬다.

"땅!"

출발을 알리는 화약총 소리가 천지를 진동하고, 우리의 아이들은 있는 힘을 다해서 앞으로 달려 나간다. 어? 그런데 한 아이가 움직이지 않는다. 그 아이는 현재 상황을 이해하지 못하고, 출발선에 서서 어리둥절한 표정을 짓고 있을 뿐이다. 그 아이가 바로 청각장애인이다.

달리는 데 아무런 문제 없이 멀쩡해 보이는 데 사실 심각한 문제를 안고 있는 아이. 이제 겨우 이 세상을 조금 알아가는 중인 어린 나이에 장애로 인하여 불이익을 겪어야만 하는 그 아이의 상처는 얼마나 클까.

한국 사회는 무한경쟁 사회라는 말을 흔하게 듣곤 한다. 전 세계의 다른 나라를 기준으로 객관적으로 보면 결코 부정할 수도 피할 수도 없는 현실이다. 우리 아이들은 유치원 때부터 선행 학습이니 뭐니 해서 너무 빨리 경쟁의 구도 속으로 내던져진다. 중고등학생이 되면 방과 후에 한숨 돌릴 새도 없이 다시 학원을 향해 무거운 발걸음을 터벅터벅 끌고 가야 한다.

우리 아이들만 힘들까? 이런 상황에서 내 자식만 뒤처질까 봐 노심

초사하는 부모의 마음은 또 어떤가. 실컷 뛰어놀게 하고 싶어도 다른 아이들보다 학습 능력이나 성적이 떨어질까 봐 항상 신경이 쓰이는 것이 부모의 마음 아닌가.

경쟁은 양날의 검이기도 하다. 경쟁을 통해 개인의 노력을 인정받게 되고, 또한 성장의 기회를 얻게 된다고 생각한다. 치열한 경쟁에서 이기기 위해 자신의 역량을 최대한 발휘하게 되고, 이에 따라 더 나은 결과를 얻을 수 있기 때문이다. 이와 반대로 경쟁이 극히 과열되면 사람과 사람 사이에 과도한 스트레스와 갈등이 발생할 수도 있다. 서로를 끝없이 비교하며 상대적인 위치를 강조하려는 경향이 발생하기 때문이다. 특히 경쟁의 규칙이 불명확하거나 불공정한 경우에는 개인의 노력과 능력보다 경제적 형편이나 사회적 위치 등 외적인 요인들이 더 큰 영향을 끼칠 수도 있다.

따라서 경쟁의 적정선을 찾아 개인의 성장과 사회의 발전 모두를 이루어 나가는 것이 정말 중요하다고 생각한다. 경쟁을 위한 경쟁, 불필요한 경쟁은 없애야 하고, 공정하고 투명한 환경을 조성해야 하는 것이다. 그래야만 개인의 역량과 성과가 정정당당하게 인정되고, 공정하게 평가될 수 있는 사회가 될 것으로 생각한다.

어쩌면 이런 경쟁 사회 속에서 아이들보다 더 힘겨운 마음을 안고 살아가야 하는 사람들이 바로 장애가 있는 아이들을 키우는 부모님들이 아닐까 생각한다. 아이가 장애로 인하여 이중삼중의 고통을 안고 있다는 것은 이 경쟁 사회에서 자기 뜻을 펼치며 사는 것을 매우 어렵게 만들기 때문이다. 바로 출발선에서부터.

나는 아직 부모가 되어보지는 못했지만, 장애가 있는 아이를 키우는 부모님의 입장을 충분히 이해할 수 있다. 왜냐하면 나는 관심법을 구사하기 때문이다! 이는 단순한 농담이라고 치부할 수만은 없다. 귀로 듣는 능력이 약하다 보니 어쩔 수 없이 다른 사람의 표정이나 몸짓, 주변 상황을 관찰하며 맥락을 이해하려는 노력을 많이 할 수밖에 없었다. 그러다 보니 나에게는 눈치로 상황을 읽는 관심법 비슷한 능력이 생겨버린 것 같다.

청각장애인에게는 앞서 말한 운동회와 같은 상황이 매일 일어나고 있다. 이는 아침에 눈을 뜨면서 시작된다. 어른이든 아이든, 직장인이든 학생이든, 누구든 이 세상을 살아가려면 아침에 일어나야 한다. 이른 아침, 잠에서 깨어 정신을 차리는 일은 누구에게나 쉽지 않은 일이다. 이를 위해 요즘은 스마트폰의 알람을 많이 사용할 것이다.

자. 잠들기 전 비장한 각오로 아침 7시로 알람을 맞추고 잠에 빠져든다. 드디어 아침 7시가 되었다. 어? 그런데 참 이상한 일이다. 맞춰놓은 알람이 울리지 않는다. 그리고 나는 그날 초장부터 일이 꼬여버리게 된다. 왜 알람이 울리지 않았을까? 사실 알람은 아무 잘못이 없다. 알람은 제시간에 맞춰 열심히 할 일을 했고, 내가 듣지 못한 것뿐이다.

청각장애인은 보청기를 빼고 자면 알람 소리를 듣고 일어나는 것이 불가능하다. 그래서 나는 잘 때도 보청기를 끼고 잔다. 이렇게 하면 24시간 보청기를 켜 놓아야 하므로, 보청기 수명이 빨리 닳거나 고장도 더 잘 나게 된다. 그래서 5년 쓸 보청기를 3년도 못 쓰고 버리는 경우가 많다.

그렇게 보청기를 끼고 잠들어도 종종 자는 도중에 뒤척이다가 보청기가 빠져버리는 일이 생긴다. 역시 그날도 초장부터 일이 꼬여버리는 것이다. 그래서 나름의 해결책을 찾다가 구입한 것이 진동 베개였다. 베개 안쪽에 진동하는 알람 시계가 내장되어 기상하는 데 도움이 된다고 하는데 아쉽게도 기대한 만큼의 효과는 없었다. 이에 주머니에 진동 시계를 넣고 잠을 청해보기도 했지만, 역시 효과는 없었다.

그런데 신박한 물건이 하나 생겼다. 바로 스마트 워치이다. 스마트 워치를 손목에 차고 자면, 뒤척이다가 보청기가 빠져도 손목의 진동을 느끼면서 깨어날 수가 있는 것이다. '세상은 오래 살고 볼 일이야.' 옛날 사람들 말은 정말로 틀린 게 하나도 없다. 이 이야기를 듣고 너무 과장하는 거 아니냐고 말씀하시는 분들이 계실지도 모르겠다. 하지만 아침에 기상하는 것만으로도 고민하는 청각장애인분들이 아주 많은 것이 사실이다.

'제발 누군가가 진동 침대 하나만 개발해줬으면...' 나는 또 이렇게 상상의 나래를 펼쳐본다. 알람 설정을 해두면 침대가 '지지지징' 하고 흔들리는 그런 침대 말이다. 그러면 아마 상쾌하면서도 재미있게(?) 일어날 수 있을 것 같다.

그런데 아무도 안 만든다면? 이다음에 내가 돈을 많이 벌어 꼭 만들어 보고 싶다.

청각장애인만 누리는 특혜

요즘 뉴스를 보면 층간 소음으로 인한 이웃 간의 마찰이 많다는 소식이 곧잘 들려온다. 나는 그런 뉴스를 접할 때마다 '그런 일도 있구나.' 정도만 생각하고 관심을 두지 않았다. 왜냐하면 층간 소음 같은 소리는 인지하지 못하는 경우가 많기 때문이다.

어느 날, 우리 집에 처음 놀러 온 친구와 함께 저녁을 먹는 중이었다. 식사를 하던 중 친구가 인상을 찌푸리며 윗집에서 너무 쿵쾅거린다고 말했다.

"무슨 소리야? 우리 집처럼 조용한 집이 어딨다고. 여긴 거의 숲속 같아."

내가 이 집에서 산 지 거의 1년 6개월 정도 되었는데, 나는 윗집의 층간 소음을 전혀 느끼지 못하고 있었다. 친구의 말을 듣고 생각해보니 윗집에는 유치원을 다니는 아이가 있다는 사실이 떠올랐다. 엘리베이터에서 몇 번 마주치기도 했고, 아이 부모님과 인사를 나누기도 했으니 말이다. 아마도 그 아이가 집에서 놀면서 뛰어다니는 모양이다.

나는 층간 소음으로 피해를 받는 사람들의 고통이 잘 이해되지 않았다. 내 귀에 들리지 않으니 당연한 노릇이다. 하지만 친구는 층간 소음으로 인한 고통은 실로 엄청나다고 했다. 그 일이 있고 난 뒤 나도 한번 곰곰이 생각해보았다. 청각과 관련된 문제이기 때문에, 그 문제에 관련된 상황이나 심리에 대해서 한 번 유심히 들여다보고 싶은 마음이 들었던 것이다.

그러다 보니 어느 순간 선명하게 이해가 되었다. '아마도 층간 소음으로 인한 고통은 내가 들을 수 없음으로써 느끼는 고통과 다를 바가 없으리라.' 나처럼 장애가 있는 사람은 잘 들리지 않아서 문제인데, 그렇지 않은 사람들은 너무 잘 들려서 문제가 되는지도 모르겠다.

이런 생각도 해본다. 돈이 너무 많아도 괴로울까? 너무 잘생겨도 괴로울까? 너무 똑똑해도 괴로울까? 그래도 더 많이 가지고 싶고, 더 잘나고 싶은 것이 사람의 마음이겠지.

외롭냐? 나도 외롭다

인간의 가장 원초적인 감정은 무엇일까?

그것은 아마 불안감일 것이다. 이는 우리의 마음을 흔들리게 만들기에 사람들은 그런 불안감에서 벗어나기 위해 다양한 방법을 시도한다. 그중 일부는 생산적이고 효과적이지만, 일부는 오히려 해로울 수도 있다. 예를 들면, 스트레스를 풀기 위해 약물이나 음주 등의 행동에 의존하는 것이다. 그러나 이러한 방법은 불안감을 잠시 해소해주거나 더 많은 문제를 일으킬 뿐, 실제적인 해결책은 되지 않는다.

나는 불안이라는 감정을 삶과 죽음을 짊어지고 사는 모든 인간이 필연적으로 느끼게 되는 감정이라고 생각한다. 즉 이 불안이라는 감정의 핵심은 삶을 계속 영위하고 싶고, 죽음은 절대로 피하고 싶은 욕구에서 나오는 것이다. 이에 따라 자기 신체의 온전성을 보전하고자 하는 부수적인 욕구도 파생되는 것이라 말할 수 있다.

장애가 있는 사람들은 비장애인들보다 더 큰 불안감과 더 큰 욕구를 껴안고 살아가야 하는지도 모른다. 물론 장애인들의 그러한 불안감과 욕구는 사람마다 차이가 있을 것이다. 비장애인 중에서도 상대적으로 더 큰 행복감과 평온함을 가지고 사는 사람도 있고, 반대로 더 큰 불행감과 불안감을 가지고 사는 사람도 있듯이 말이다.

나 또한 마찬가지로 불안감을 가지고 있다. 어쩌면 매일, 매 순간 불안감 속에서 간신히 살아가고 있는지도 모르겠다. 시시각각 찾아오는 이러한 불안감은 내가 자아에 대한 지각을 하기 시작한 아주 어린 시절부터 지금까지 형성되어 왔을 것이다.

얼마 전에 OTT 서비스를 통해 '이상한 변호사 우영우'를 보았다. 나는 본래 드라마를 잘 보지 않지만, 우영우는 워낙 재미있다고 소문이 나서 안 볼 수가 없었다. 거의 사회적 현상이라고 보아도 무방할 정도로 어디 가나 우영우 이야기를 들을 수 있었다. 게다가 주인공인 우영우도 장애가 있는 캐릭터였으므로, 더 관심이 생겼던 것도 사실이다.

누가 소문난 잔치에 먹을 것이 없다고 했던가. 드라마의 인기에는 그만한 이유가 있었다. 나는 발견했다. 대충 한두 편만 봐야지 하고 시작했는데, 이미 13편까지 보고 있는 나 자신의 나약한 모습을.

이 드라마는 장애를 다룬 다른 작품과는 확연히 다른 성격이었다. 다른 작품들에서는 장애인의 고통스러운 처지에 초점을 맞추는 경우가 대다수였다. 그래서 장애인의 고통을 소모적으로 다룬다거나, 지나칠 정도로 사회 고발적인 메시지를 담으려고 애쓰기 바쁘다.

하지만 우영우가 사는 세상은 달랐다. 우영우의 세상에는 배려와 존중, 따뜻한 인간미가 살아있었다. 이 드라마에서 비장애인들이 장애인을 대하는 태도는 선심성 동정이 아니라, 그저 더불어 사는 세계 속에서 마땅히 행해지는 지극히 자연스러운 상식이었을 뿐이었다.

드라마에서 표현되는 세계는 장애인과 비장애인 사이의 모든 관계가 지극히 상식적인 이해와 소통의 범주 내로 다루고 있다. 때문에, 장애인과 비장애인 사이를 나누는 특별한 경계가 없는 따뜻하고 평온한 세계였다.

장애가 있는 분들이나 장애아를 키우는 부모들이 이 드라마를 꼭 보길 바란다. 비록 우리는 장애인과 비장애인을 경계선을 그어 구분해 놓은 세상에 살고 있지만, 더 좋은 아이디어를 공유해 나가다 보면, 언젠가 더 좋은 세상이 만들어질 거라고 믿는다.

우영우 13화를 보면 이런 장면이 나온다. 우영우의 남자친구가 자신의 친누나에게 우영우를 소개하는 상황이었는데, 그 친누나가 이런 말을 했다.

"너를 행복하게 해줄 수 있는 사람을 데려와야지. 네가 보살펴야 하는 여자 말고…"

그 말을 들은 우영우는 깊은 생각에 잠긴다.

'나는 남자친구를 행복하게 해줄 수 있을까? 외롭지 않게 해줄 수 있을까?'

나는 이 장면에서 너무 깊이 공감했다. 드라마 속 우영우처럼 나도 장애로 인해 여자친구와의 관계에 문제가 생길까 봐 수없이 고민해왔기 때문이다. 예컨대 나의 장애 때문에 여자친구와 소통이 안 되면 어쩌나, 비장애인인 여자친구의 마음을 헤아리지 못하면 어쩌나, 여자친구가 장애인인 나를 불편하게 생각하고 있는 건 아닐까 등의 고민거리다.

이게 다가 아니다. 여자친구의 부모님을 만날 때면 더 많이 긴장하고 신경이 쓰였다. 나에게 무엇을 물어보시는데 내가 잘 못 들으면 어쩌지, 장애인이라는 이유로 나를 싫어하시면 어쩌지, 나는 50대가 넘어서면 완전히 못 들을 수도 있는데 그것을 아셔도 나를 받아들이실 수 있을까? 이런 고민이 꼬리에 꼬리를 물었다.

나는 우영우를 통해 나의 내면 깊은 곳에 숨어있던 근원적인 고민을 하나 더 만나게 되었다. 그것은 우영우의 고민과 같은 것이었다.

'내가 여자친구를 외롭지 않게 해줄 수 있을까?'

나의 이런 생각은 내 마음 깊은 곳에 숨어있던 새로운 자각으로 이어졌다.

'나도 참 외롭게 살았구나.'

이러한 자각에 이르니 한가지 깨달음이 있었다. 나는 여자친구를 절대 외롭게 하지 않을 것이라는 사실이다. 왜? 이제 나의 외로움을 진정으로 깨달았기 때문이다. 진정으로 자신의 외로움을 깨달은 사람은 결코 다른 사람을 외롭게 하지 않는다고 생각한다. 바로 곁에 있는 사람이 얼마나 소중한 존재인지 알기에.

관점과 시야의 문제

재미있게 우영우를 시청 후, 가슴 속 여운을 느끼며 창밖을 바라보는데, 불현듯 대학 시절 전공 교수님의 말씀이 머릿속을 스친다.

어느 날이었던가 그 교수님과 대화를 나누던 도중 교수님에게 나의 장애에 대한 불만을 비쳤던 모양이다. 그랬더니 교수님께서 나에게 말씀해주셨다.

"수많은 장애 중에서 극복 가능한 장애를 가졌다는 것을 감사하면서 살아야 해."

이어서 자기 딸이 자폐아인데 그건 극복할 수 없는 장애에 해당한다며, 낙담한 듯한 표정으로 말씀하셨다. 이에 나의 청각장애는 보조기기를 착용하든 인공와우 수술을 하든 극복할 방법이 있으므로, 그에 대해서 감사의 마음을 가져야 한다는 뜻이었다. 절대 반박할 수 없는 교수님의 말씀을 듣고 나서, 자폐증을 앓는 아이를 키우시며 앞날이 얼마나 막막하고 힘드셨을지 느껴졌다.

어릴 때는 세상을 바라보는 시야가 매우 좁다고 한다. 오로지 자기 주변만 보기 때문이다. 그래서 초등학생들의 축구 경기 모습을 관찰해보면 공만 따라서 우르르 몰려다니기만 한다. 하지만 커 갈수록 축구장 전체를 보고, 경기 흐름을 읽으며 효율적으로 움직일 줄 알게 된다. 이는 어린아이들이 경험하지 못한 것이 많으므로 볼 수 있는 현상이라고 볼 수 있다. 이처럼 성인이 된다는 것은 경험의 양이 늘어남으로써, 세상을 바라보는 시야도 넓어진다는 것을 의미한다. 사람은 성장 과정에서 다양한 경험을 하게 됨에 따라 세상을 보는 시야가 확장되고, 이를 통하여 새로운 지혜를 얻을 수 있게 되는 것이다. 그 지혜 중 가장 큰 것은 불평불만이 사라지는 것이라고 생각한다.

나 역시 마찬가지였다. 정확히 기억나진 않지만, 나는 내가 장애가 있음을 자각했던 네댓 살 무렵부터 엄청난 불평불만을 가지고 있었다. 그 어렸을 때부터 나도 모르게 불평과 불만을 품고 살아온 것이다. 나의 청각장애는 나의 선택도 의지도 아니었으므로, 세상이 너무나 불공평하다는 생각을 떨쳐버릴 수 없었다.

하지만 그 교수님 말씀을 들은 이후로 나의 시야가 한 단계 넓어진 것 같은 기분이 들었다. 그때부터 나는 내 장애에 대한 불평불만과 세상 탓을 접기로 했다. 어차피 달라지는 건 아무것도 없기 때문이다. 아니. 달라지는 것이 없는 정도가 아니라, 불평불만은 나 자신을 해치고 더욱 작게 만들 뿐이기 때문이다.

나는 평소 다큐멘터리를 보는 것을 좋아한다. 다양한 장르의 다큐멘터리를 보면서 세상의 어두움과 참혹함에 대해서 많이 알게 되었다. 동유럽의 어떤 나라에서는 대여섯 살 때부터 지독한 염료를 손에 묻혀가며 가죽을 가공하는 노동에 시달리는 아이들도 있었고, 인도에서는 십 대 때부터 몸을 팔아서 입에 풀칠하는 소녀들도 있었다. 또한, 아프리카의 어떤 나라에서는 물을 구하기 위하여 왕복 6시간을 걸어서 가는 것이 일상이었다.

이런 이야기는 너무나 마음을 무겁게 만들지만, 세상에는 이런 일들이 해변의 모래알보다도 더 많다는 것을 안다. 그런 것들을 보고 나면 내 처지에 대해서 불평불만을 하는 것이 진심으로 부끄럽게 여겨

진다. 그저 한국에 태어난 것 자체만으로도 정말로 큰 행운이라는 생각이 절로 드는 것이다.

사람들은 자신의 결핍을 벗어나기 위해 높은 곳만을 우러러보지만, 그럴수록 상대적인 고통은 더욱 크게 느껴지기 마련이다. 즉 힘든 상황을 이겨내려면 우선 낮은 곳을 바라보는 습관을 갖는 것이 좋다고 생각한다. 자꾸 높은 곳만을 바라보면, 그것에 집착하는 마음이 생긴다. 결국에는 그것이 점점 커져서 자신의 삶 전체가 압도당하는 현상이 생기는 것이다.

다시 말해 어려운 상황을 이겨내기 위해서는 자기보다 더 낮은 곳을 바라보는 것이 중요하다. 그러면 저절로 감사한 마음이 들고, 자신의 처지를 객관화해서 바라보는 시야가 생긴다. 그러한 객관적 시야가 있어야만 정확한 상황 파악이 가능하고, 어려움도 쉽게 벗어날 수 있으며, 자기 능력을 최대한 발휘할 수 있게 된다.

이러한 과정에서 너무 큰 욕심을 부리지 않고, 작은 성취를 추구하는 것이 큰 도움이 되리라 생각한다. 낮은 곳을 보면서 나에게 주어진 현재 상황을 받아들이고, 이를 바탕으로 앞으로 나아갈 수 있는 작은 목표들을 세우는 것이다. 이렇게 작은 목표들을 이루어 가면서 자신감이 쌓이고 쌓여, 더 큰 일들도 능히 해낼 수 있게 된다.

세상을 불공평하다고 느끼는 것이 오직 나뿐이겠는가. 고통 총량의 법칙이라고, 누구에게나 저마다 말 못 할 고통이 있을 것이다. 많이 가졌든 적게 가졌든, 높은 지위에 있든 낮은 지위에 있든, 인간은 누구나 자기만의 고통의 세계 속에서 살 수밖에 없다고 생각한다. 껍데기를 깨고 더 넓은 지평을 발견하기 전까지는.

Chapter 3 | 청각장애 에피소드

자막 좀 깔아주면 안 되겠니?

청각장애인들은 특성상 영화나 드라마 등의 문화 콘텐츠를 접하는 범위가 좁아질 수밖에 없다. 특히 한국 영화나 한국 드라마를 볼 때는 더 애로 사항이 많다. 즉 자막이 따로 없어 내용을 이해하는 데 한계가 있기 때문이다. 그래서인지 나는 외국 영화나 드라마를 훨씬 많이 보면서 지금껏 커온 것 같다.

그런데 근래 들어 그런 상황이 많이 나아졌다. 넷플릭스나, 티빙 등 OTT 플랫폼에서 제공하는 한국 영화와 한국 드라마는 한국어 자막을 서비스해주기 때문이다. 이에 요즘 나는 TV는 거의 보지 않고, OTT 플랫폼을 많이 이용하고 있다. 단 한 번도 한국 영화나 한국 드라마에서 자막을 볼 수 있는 날이 오리라고는 생각해 본 적이 없다. 정말 격세지감이 느껴지는 요즈음이다.

게다가 요즘 나오는 최신 보청기들은 아주 훌륭한 블루투스 기능이 탑재되어 있다. 이에 보청기를 휴대전화나 태블릿과 연동할 수가 있다. 그렇게 사용하면 인이어폰과 같이 음원 손실 없이 보다 깨끗한 소리를 들을 수 있게 된다.

문화 콘텐츠는 인간에게 정말로 중요하다고 생각한다. 문자로 된 소설이든, 영상으로 된 영화나 드라마든 좋은 이야기를 많이 경험할 때 인간은 큰 폭의 성장을 할 수 있기 때문이다. 나라는 개별적인 존재에 갇힌 좁은 시야에서 벗어나서 더 넓은 세계와 더 많은 사람의 이야기를 접하게 되면, 지적인 견문이 넓어지고 정서적인 소양이 발달하는 것은 지당한 사실이다.

그뿐만이 아니다. 요즈음엔 직장을 다니든, 사업을 하든, 무엇을 하든지 공감 능력이 중요한 시대이다. 사람과 사람 간의 소통은 물론 서비스 등의 재화 거래가 예전에 비해서 압도적으로 많아졌기 때문이다. 이러한 시대에 사는 만큼 다양한 이야기를 많이 접하면 접할수록 인간에 대해서 더 잘 이해할 수 있고, 공감 능력을 크게 발달시킬 수가 있다고 한다.

아무리 지식수준이 높고, 똑똑하다 한들 다양한 이야기를 접하지 못한 사람들은 공감 능력이 현저히 떨어지기 때문에 그저 똑똑한 좀비로 살아가는 것이다. 이것은 그 사람 개인의 행복감을 위해서도 사회의 이익을 위해서도 전혀 바람직하지 않다고 생각한다.

그렇다면 이러한 문화 콘텐츠의 핵심은 무엇일까? 바로 창의력이다. 이야기를 만들어내기 위해서는 기존의 세상에서 전혀 새로운 무언가를 건져내어야 하는 것이다. 이런 창의력은 당연히 자유로운 사고에서 나온다. 사고가 어떤 틀에 갇혀있는 상황에서는 절대로 새로운 것을 발견하지 못하기 때문이다. 이처럼 자유로운 사고로부터 기인한 창의력이 발휘될 때, 인간은 비로소 한계를 뛰어넘게 된다. 그리하여 기존과 다른 새로운 세계와 새로운 인생으로 도약할 수 있다. 마치 넷플릭스에서 전혀 생각지도 못한 자막 서비스가 나오듯이 말이다.

이에 따라 자막이 있는 한국 영화나 한국 드라마를 볼 수 있는 지금의 상황은 청각장애인의 입장에서 매우 획기적인 상황이라고 생각한다. 드디어 청각장애인이 다양한 문화 콘텐츠를 접하면서 마음껏 문화적 소양을 기를 수 있게 된 것이다. 이 자리를 빌려서 넷플릭스에 감사를 표한다. 물론 전달될 리 없겠지만.

얼마 전에는 사람들의 입방아에 오르던 '수리남'도 보았다. 강남역을 지나갈 때 수리남 광고를 크게 해놓은 것이 눈에 띄어서 찾아보게 된 것이었다. 이 또한 만약 한국어 자막이 없었다면 처음부터 볼 생각조차 안 했을 것이다.

언제부터인가 한국 영화나 드라마가 나오면 넷플릭스에서 볼 수 있는 작품인지부터 먼저 찾아보게 되며, 만약 가능하다면 되도록 콘텐츠를 접해보려고 노력한다. 자꾸 넷플릭스 광고를 해주는 꼴인데, 이글을 보면 반드시 연락해주시리라고 생각한다. 물론 그럴 리 없겠지만.

보청기는 만능 귀?

혹시나 비장애인들이 이렇게 생각할지도 모른다.

"보청기를 끼면 말소리를 다 들을 수 있는 거 아냐?"

그 질문에 대해서 나는 이렇게 대답하고자 한다.

"아니다이~ 모르면 가마 있어라이~"

정말 그러면 얼마나 좋겠냐마는 현실은 그렇지 않다. 청력의 정도에 따라 다를 수 있겠지만, 일단 고도 난청이 있다면 보청기를 착용하더라도 소리를 듣는 데 있어서 분명한 한계가 존재한다. 보청기는 소리를 증폭해주는 기계이지, 말소리만 증폭해주는 기계가 아니기 때문이다.

조금 더 설명하자면, 소리에는 말소리, 환경음이 모두 포함된다. 즉 보청기를 착용하면 말소리 외에 다른 모든 사물이나 환경이 내는 소리 혹은 소음까지 동시에 증폭된다. 그러면 말소리와 소음이 뒤죽박죽 섞여버리게 되고, 들리긴 들리는데 말소리를 분별해내기 어려워질 때가 많다. 즉 보청기가 자연스러운 소리를 보장하지는 못하는 것이다. 또한, 보청기를 사용하면 주변의 소리가 모두 인공적으로 처리되므로, 소리의 질과 양이 일부 손실되는 문제도 있다.

게다가 보청기는 매우 민감한 기기이다. 보통 땀이나 먼지 등 외부의 환경적인 요인에 의해 기능 이상이 생기는 경우가 흔하기에 관리하는 데에도 손이 많이 간다. 이에 따라 보청기를 사용해야 한다면 어느 정도의 불편함은 감수해야 한다. 또한, 보청기는 배터리를 사용하는데, 저렴한 보청기의 경우에는 배터리의 수명이 짧으므로 자주 배터리를 교체해야 하는 불편함도 있다.

그런데 내 예상으로는 곧 머지않은 미래에 지금보다 훨씬 뛰어난 성능을 가진 보청기가 나올 것 같다. 말소리만 정확하게 분별해서 증폭해주고, 습기나 먼지 등에 완벽할 만큼 강하고, 배터리 수명도 훨씬 길어진 보청기 말이다. 주변을 대충 둘러보아도 인공지능 기기들이 매우 급속도로 발달하고 있는 모습이 느껴지기 때문이다. 그때를 생각하면서 이런 기능이 하나 있었으면 좋겠다고 생각하고 있다. 엄마 잔소리는 차단하는 기능. 이 얼마나 아름다운 미래란 말인가?

또한, 이런 의문을 가질 수도 있다.

"영화관에서는 스피커에서 나오는 소리 외에 다른 소음이 없어서 잘 들려야 되는 거 아냐?"

그 질문에 대해서 나는 이렇게 대답하고 싶다.

"아니라고 했다이. 정신 똑바로 차리라이~"

설명을 조금 하자면, 영화관의 스피커에서 나온 소리는 보청기의 마이크로 들어와서 다시 한번 소리가 증폭된다. 이때 음의 왜곡이 생기게 된다. 마찬가지로 스피커, 라디오, 휴대전화 등과 같은 기계음을 보청기로 들을 때도 한계가 있을 수밖에 없다.

그 외에도 보청기에는 소음제어 기능, 최대출력 제한 기능 등 소리의 변별에 영향을 미치는 여러 기능이 있다. 그런 이야기를 다 하다 보면 독자 여러분이 갑작스럽게 졸음증에 빠질 수 있으므로 여기서 끊도록 한다.

나는 4살 때부터 보청기를 사용해왔지만, 그동안 단 한 번도 보청기 성능에 100% 만족을 한 적이 없다. 언제쯤 내 취향에 딱 맞는 보청기가 출시되려나? 안 될 거 같지만, 충분한 가능성도 보인다. 왜냐하면 한국 영화나 드라마에서 자막이 나올 것이라고 상상조차 못 했던 것처럼, 청력을 완벽하게 재현하는 보청기가 나오지 말란 법도 없기 때문이다. 꿈꾸자.

산들바람은 부드럽게

언제였던가 나는 이런 고민을 해본 적이 있다.

'세상은 아름다울까 아니면 추할까?'

그때는 세상이 아름답다고 결론지었다. 그 이유는 바로 음악 때문이었다. 세상에 이토록 아름다운 음악이 존재한다는 것 자체가 바로 이 세상과 이곳에서 살아가는 사람들의 마음이 아름답지 않고서는 불가능한 것이기 때문이다. 나는 그만큼 음악이 인간의 삶에 끼치는 영향은 지대하다고 생각한다.

내가 본 영화 중, 음악과 관련하여 뇌리에 남아 있는 명작이 하나 있다면, '쇼생크 탈출'이라는 영화이다. 이 영화는 음악이 인간에게 주는 영향력을 매우 특별한 방식으로 보여주고 있다.

극 중에 억울한 죄를 뒤집어쓰고 교도소 생활을 하게 된 주인공 앤디(팀 로빈슨 분)는 탁월한 수완으로 교도소장의 신임을 얻게 된다. 그래서 그는 다른 죄수들은 꿈도 꾸지 못할 방송실을 드나들 수 있는 특권을 가지게 된다. 어느 날 그는 교도관이 화장실에 간 사이 몰래 방송실의 문을 걸어 잠그고 어떤 음악을 틀게 된다. 그 음악은 모차르트의 오페라 '피가로의 결혼' 중 '산들바람은 부드럽게'라는 이탈리아 아리아였다.

세상에서 가장 삭막한 공간인 교도소라는 공간에 아름다운 선율이 울려 퍼지는 그 순간, 모든 재소자는 넋을 잃고 모든 동작을 멈춘 채 그 음악에 빠져들게 된다. 이 장면이 얼마나 아름다운 명장면인지에 대하여 앤디의 친구였던 레드(모건 프리먼 분)는 다음과 같이 말한다.

"난 지금도 그 이탈리아 여자들이 뭐라고 했는지 모른다. 사실은 알고 싶지도 않다. 모르는 채로 있는 게 더 나은 것도 있다. 난 그것이 말로 표현할 수 없는, 가슴이 아프도록 아름다운 이야기였다고 생각하고 싶다. 그 목소리는 이 회색 공간의 누구도 감히 꿈꾸지 못했던 하늘 위로 높이 솟아올랐다. 마치 아름다운 새 한 마리가 우리가 갇힌 새장에 날아들어 와, 그 벽을 무너뜨린 것 같았다. 그리고 아주 짧은 한순간 쇼생크의 모두는 자유를 느꼈다."

이렇게 귀로 듣는 음악이 인간의 영혼에 미치는 영향력은 실로 지대한 것이다. 예전에 어떤 강의에서 지금까지의 인류 역사상 가장 똑똑했던 사람이 공자라는 말을 들었다. 그런데 공자가 가장 좋아하던 취미가 음악 감상이었다고 한다. 음악은 인간의 심성을 아름답게 만들어 주기 때문에.

그렇다면 청각장애인은 인간의 정서에 이토록 큰 영향을 미치는 음악을 감상하고 느끼는 데 별문제가 없을까? 물론 보청기의 도움을 받는다는 가정하에서 말이다. 보청기에는 귀를 보호하기 위하여 일정 수준 이상의 큰 소리가 들어오면 그 소리를 압축하는 기능이 있다. 그래서 스피커로 음악을 크게 틀어 놓은 공간에서는 음악이 소음처럼 느껴지기도 한다. 특히 노래방, 영화관, 콘서트장, 유치원, 학교 등 폐쇄된 실내 공간에서는 더욱 그렇게 느껴진다.

그나마 그 음악이 내가 알고 있던 음악이었다면 덜 피곤하다. 하지만 전혀 모르는 음악의 경우에는 아름다운 선율이 아닌 거의 소음으로 느껴지게 된다. 간혹 청각장애인 자녀를 둔 부모님들이 이런 문의를 한다. 일상에서 자녀가 사이렌 소리, 청소기 소리 등의 큰소리에도 잘 놀라지 않는데, 유치원이나 학교에서 음악 소리가 크게 들리면 아이가 많이 당황한다는 것이다. 그래서 아이가 평소에도 음악 듣는 것을 피한다고 한다.

이런 경우는 앞서 이야기했듯이, 아이가 음악을 소음으로 느낄 가능성이 높다. 주변의 친구들은 다들 박자에 맞춰서 춤추고, 노래하고, 얼싸안으며 즐거워하는데 청각장애가 있는 아이는 이런 소음 속에서 왜들 이렇게 즐거워하는지 잘 이해되지 않을 것이다.

하지만 이런 현상이 큰 문제는 아니므로 안심해도 된다고 전하고 싶다. 아이가 커가면서 서서히 음악이라는 것을 알게 되고, 이런 환경에 차츰 익숙해지면 조금씩 음악의 리듬과 박자를 찾아가면서 나름대로 그런 환경을 즐길 수 있게 되기 때문이다.

결론적으로 말해서, 청각장애인의 경우 비장애인처럼 온전하게 음악을 즐길 수는 없다. 하지만 분명히 그런 수준에 가깝게 음악을 즐길 수가 있다. 그러니 청각장애인이라고 특별히 메마른 심성을 가지게 되리라고 걱정할 필요는 없다고 말하고 싶다. 음악 감상을 참 좋아하고, 지금도 음악을 들으면서 이렇게 글을 써 내려가는 나의 심성도 산들바람처럼 부드럽기 때문이다.

※ 소소한 팁 1

유치원이나 학교에서 주로 듣게 될 음악을 미리 집에서 들어보는 것이 좋다. 이때 오케스트라 음악을 들어보는 것이 좋은데, 오케스트라 음악은 저음에서부터 고음에 이르기까지 다양하고 풍부한 음역을 가지고 있기 때문이다.

다만 요즘 많이 사용하는 3D 사운드 보다는 전방으로만 음향을 송출하는 사운드바나 블루투스 스피커를 이용해 음악을 듣는 것이 훨씬 더 편하다. 왜냐하면 3D 사운드의 경우에는 보청기나 와우기기에서 자체적으로 노이즈 캔슬링을 하는 경우가 많기 때문이다.

혹시 큰 음악 소리에 대해서 불쾌하다는 표현을 하거나, 그런 자리를 피하려고 할 때는 보청기나 인공와우의 최대 출력을 조금 낮춰 보는 것이 도움이 된다.

의사 선생님 오래오래 사세요

청각장애인에게 가장 어렵고 두려운 장소 중 하나가 치과 아닐까 생각한다.

세상에 치과가 안 무서운 사람은 없겠지만, 청각장애인은 그런 무서움이 더 가중되는 것 같다. 어릴 때 엄마 손을 잡고 처음 치과에 갔을 때 나는 거의 지옥에 온 듯한 대혼란에 빠졌었다. 치과 치료는 의사 선생님과 환자와의 의사소통이 매우 중요하다. 치료 과정에서도 환자가 자세나 입 모양을 자꾸 바꿔줘야 하는 경우가 많다. 그래서 "입 크게 벌리세요. 오른쪽으로 고개를 돌리세요. 이를 딱딱 물어보세요." 등 다양한 대화가 필수적으로 따르게 된다.

치료용 의자에 앉은 어린 나에게 의사 선생님이 뭐라고 말씀하셨는데, 나는 그 말이 무슨 말인지 감을 잡기가 너무 힘들었다. 더군다나 의사 선생님은 마스크를 쓰고 있었으므로 입 모양도 볼 수가 없었다. 안 그래도 낯선 환경이고 치아도 아픈데 이런 상황이 발생하니, 나는 매우 큰 긴장감에 휩싸일 수밖에 없었다. 이런 경우에는 상대방의 눈빛이나 몸동작, 그리고 주변의 상황 등으로 대충 감을 잡을 수밖에 없다. 나의 모든 신경은 의사 선생님의 말씀을 알아듣기 위해 곤두섰다.

이에 더해 치료가 본격적으로 시작되면 초록색 천으로 아예 눈까지 덮어버린다. 안 그래도 아픈 이를 건드려서 미칠 지경인데, 모든 정보가 차단되어 버리면 마치 어두운 낭떠러지로 떨어지는 것과 같은 공포심을 느끼게 되는 것이다. 물론 어머니가 의사 선생님에게 나의 청력 상태를 미리 이야기해 두었지만, 나 같은 환자를 처음 맡는 의사 선생님도 치료 초반에는 당황하는 것 같았다. 매번 초록색 천을 환자의 얼굴에 덮고 나면, 유일한 의사소통의 수단이 귀였다는 사실을 자신도 오늘 처음 깨달았기 때문이다.

잠시 후 의사 선생님은 거의 본능적으로 손을 쓰고 있었다. 손으로 내 고개를 돌리거나, 입을 벌리거나 하는 것이다. 이런 과정을 몇 번만 겪으면 상황이 진화되고 금방 학습되어, 서로 묵시적으로 합의된 의사소통 신호가 생기게 된다. 예를 들어서 오른쪽 어깨를 톡톡 치면 고개를 오른쪽으로 돌리고, 왼쪽 어깨를 톡톡 치면 고개를 왼쪽으로 돌리고, 턱을 톡톡 치면 입을 크게 벌리라는 신호가 되는 것이다.

나는 항상 단골 치과만 다니는데, 세월이 지나 그 의사 선생님이 돌아가시면 어쩔 수 없이 치과를 바꾸어야만 할 것이다. 그렇다면 다시 두려움을 겪어야 하기에 나는 늘 그 의사 선생님의 무병장수를 기원하고 있다.

닐리리야~

우리는 누구나 쉴 새 없이 호흡하지만, 이를 거의 인식하지 못하고 산다. 명상 수행 등의 경우에는 의도적으로 호흡을 인식하는 훈련을 하기도 하는데, 이렇게 호흡을 인식하는 연습을 하는 사람들조차 잘 모르는 부분이 하나 있다. 바로 말을 하는 것과 호흡하는 것은 매우 긴밀한 관계를 맺고 있다는 사실이다.

예를 들어서 우리가 달리기하고 난 직후에는 숨이 차올라 호흡량이 달리게 되고, 이때 말을 하면 정확하게 전달되지 않는 경우가 많다. 물론 말을 하는 당사자도 호흡 부족으로 힘겨움을 느끼게 된다. 즉 호흡량이 충분해 호흡이 원활하게 이루어지면 당연히 말도 더 쉽게 할 수 있는 것이다.

그렇다면 청각장애의 경우에는 어떨까? 청각장애인은 비장애인보다 호흡이 더 중요하다고 말할 수 있다. 청각장애인은 비장애인보다 호흡이 짧고, 호흡 조절 능력이 부족한 경우가 많은데, 왜 그런지는 정확하게 밝혀지지 않았다. 아마도 비장애인의 경우에는 듣고 말하는 감각에 아무런 문제가 없으므로 듣고 말하는 과정에서 호흡을 조절하는 감각이 자연스럽게 발달하지만, 청각장애인은 듣고 말하는 감각에 문제가 있으므로 어떤 지점에서 호흡을 마시고 뱉을지 정확하게 조절이 안 되는 것 같다.

청각장애인은 호흡과 관련하여 대략 다음 세 가지 경우에서 어려움을 겪는다.

첫째, 말을 할 때 어느 정도의 호흡을 뱉어야 하는지.
둘째, 숨을 들이마실 때 어느 정도의 호흡을 들이마셔야 하는지.
셋째, 지금 내가 말하고 있는 목소리의 톤과 크기는 어떤지. (호흡량이 적당히 실리는지)

그래서 청각장애인은 비장애인보다 말하는 중간에 더 많은 '쉼'을 보이는 경우가 많다. 이러한 쉼은 위에 말했듯이 말하기와 호흡 사이의 정확한 타이밍을 잡지 못해서 발생하는 현상이라고 보면 된다.

이러한 호흡의 문제로 인한 쉼은 어투가 어색해지는 것을 넘어서 의사소통에도 문제를 일으킨다. 적절하지 않은 타이밍에 발생하는 쉼은 필연적으로 '부정확한 발음'과 '부자연스러운 억양'을 만들어내기 때문이다. 이런 부분은 비장애인들에게 아무리 설명해줘도 잘 체감되지 않을 것을 안다. 그래서 간단히 말해 청각장애인에게는 호흡이 아주 중요하고, 이렇게 중요한 호흡을 위해 특별히 '호흡 조절 훈련'을 해줘야 한다고 이해해주시면 좋을 것 같다.

나는 어렸을 때 이러한 호흡 조절 훈련을 많이 했었다. 훈련할 때 가장 핵심적인 부분은 되도록 많은 호흡을 마시고, 최대한 길게 호흡을 내쉬는 것이다. 그래야만 말하는 중간에 발생하는 쉼 현상을 최소화할 수 있기 때문이다. 이러한 긴 호흡을 위해 가장 효과적인 것은 복식호흡이다.

가장 기본적인 복식호흡은 아무래도 가만히 앉거나 누워서 하는 복식호흡이라고 할 수 있다. 하지만 이런 정적인 것만 있는 것은 아니다. 특히 어린 아이들은 10초도 가만히 앉아있는 것을 어려워한다. 나의 경우에는 3초 수준이었다.

그래서 추천하는 것이 관악기를 연주하는 것이다. 관악기는 관으로 된 형태의 악기를 입으로 불어서 소리가 나도록 만들어져 있으므로 호흡량을 늘리는 데 아주 효과적이다. 대표적인 것이 클라리넷, 색소폰, 플루트, 단소, 리코더이다. 이 중에서 내가 가장 재미있게 연습했던 악기는 클라리넷이었다. 워낙 재미가 있어서 꽤 오래도록 배울 수 있었으며, 이에 호흡량을 늘리는 데도 큰 도움이 되었다.

가만히 클라리넷을 연주하는 것을 보면 하나도 안 힘들어 보인다. 하지만 의외로 높은 강도와 긴 호흡을 요구하는 것이 관악기이다. 다짜고짜 불어서 소리만 내야 하는 것이 아니라, 각 곡의 고유한 선율과 리듬에 따라서 듣기 좋고 아름답게 불어야 하므로 많은 훈련이 필요하다. 또한, 점점 강하게, 점점 여리게 등 악보에 표시된 기호를 정확히 맞춰가면서 감정까지 잘 표현해주어야 한다. 이 정도로 클라리넷을 자연스럽게 불 정도가 되면 복식호흡은 저절로 좋아진다.

추가로 발성까지 영향을 미치는데, 아마도 악기연주와 호흡이 조화를 이루는 과정에서 자연스럽게 소리에 대한 감각도 터득하게 되기 때문인 것 같다. 나는 클라리넷 덕분에 호흡량이 많아지고 발성이 좋아져서 말하는 도중 호흡 때문에 힘든 경우가 거의 없었던 것 같다. 아울러 음악이라는 좋은 친구가 생겨서 이래저래 많은 도움을 받은 것 같다. 다음에는 태평소를 한 번 배워볼까 생각 중이다. 늴리리야~

※ 소소한 팁

악기를 배울 때 보청기와 관련하여 몇 가지 주의할 점이 있다.

1. 악기를 연주할 때는 보청기에서 "삐~"하는 하울링이 발생하는 경우가 제법 있다. 이러한 보청기의 피드백 현상은 노래방에서 마이크를 스피커에 가까이 대면 하울링이 나는 원리와 비슷하다고 생각하면 된다.

   즉 보청기로 들어온 악기 소리가 보청기 내의 마이크로 들어가서 앰프를 거쳐 리시버로 증폭이 되는데, 이때 증폭된 소리가 다시 한번 보청기의 마이크로 들어가면서 하울링 현상이 발생하는 것이다.

   특히 복합음이 아닌 순음(단일한 주파수의 음)의 소리가 크게 날 때 피드백 현상의 빈도수가 높아진다. 악기를 연주하는 것은 '도, 레, 미'와 같은 하나하나의 순음을 내는 것이므로, 보청기의 피드백 현상으로 인한 고충을 겪게 되는 것이다.
   그나마 클라리넷과 같이 음구가 보청기와 멀리 떨어져 거리가 있는 경우에는 이러한 고충이 훨씬 덜 하다. 반면, 바이올린과 같이 음구가 보청기와 가까운 경우에는 보청기의 피드백 현상으로 많은 불편을 겪게 된다.

   2. 보청기를 착용하고 있다면 하울링 현상을 어느 정도 감내해야 한다. 그래서 덜컥 악기부터 구매하여 배우는 것보다는 한 달 정도 체험을 해볼 것을 권하는 편이다. 한 달 정도면 약간의 불편함이 적응되는지, 그렇지 않은지 판별되기 때문이다.

   3. 인공와우의 경우에는 소리를 전달하는 메커니즘이 전혀 다르므로 하울링 현상이 발생하지 않는다.

시간과 정신의 방

세상에서 가장 소중한 것은 바로 시간이다. 시간을 피고 지는 이 모든 순간이라고 정의한다면, 소중하지 않은 순간은 단 일각도 없으리라.

예전에 '드래곤 볼'이라는 만화가 있었다. 주로 X세대라고 불리던 우리 삼촌 세대들에게 정말 인기가 많았던 만화라고 알고 있다. 나도 우연히 그 만화를 알게 되어 접하게 되었는데 정말로 재미있었다.

그 만화 내용 중 '시간과 정신의 방'이라는 완전히 매력적인 개념이 나온다. 이 시간과 정신의 방에서의 1년은 바깥 세계의 하루와 같다는 설정이다. 한 마디로 정말 시간이 느리게 흘러가는 방이다. 주인공인 손오공은 가끔 적에게 밀릴 때마다 자신의 전투 실력을 향상하기 위해 이 방에 들어간다. 그리고 그곳에서 열심히 수련한 후 훨씬 업그레이드되어 나타난다.

나는 이 시간과 정신의 방이 정말로 현실에 존재한다면 얼마나 좋을까 하는 생각을 해본 적이 있다. 그 공간에서는 세상 모든 시름을 잊고 정말 푹 쉴 수도 있고, 반대로 시간에 쫓기지 않고 무언가를 제대로 배울 수도 있을 것이다. 시간의 흐름이라는 개념 자체가 사라지고 오로지 나의 정신으로만 가득 채워진 공간. 와우! 생각만 해도 정말 멋진 것 같다! 물론 그런 일은 일어나지 않을 것이다.

하지만! 나에게는 시간과 정신의 방과 유사한 공간이 하나 있었으니, 그것은 바로 미용실이다. 나는 미용실을 두 달에 한 번꼴로 간다. 미용실에서 커트와 펌까지 하므로 한 번 방문할 때마다 최소 2시간에서 많으면 2시간 30분 이상도 소요된다.

청각장애인은 미용실에서 불편함을 겪을 수밖에 없다. 머리를 하는 동안 어쩔 수 없이 보청기를 빼고 있어야 하기 때문이다. 비장애인의 경우에는 머리를 하면서 디자이너분과 수다를 떨기도 하고, 머리 스타일에 대해서 상의할 부분이 있으면 즉각 즉각 서로 의사를 주고받기도 한다. 하지만 나는 보청기를 빼고 있어야 하므로 디자이너분과 대화를 나눌 수 없게 된다.

그래서 나는 항상 같은 미용실에 가서 같은 디자이너분에게 머리를 맡기게 된다. 청각장애의 경우 미용사가 바뀌게 되면 갈 때마다 나의 상태에 대해서 반복적으로 설명해야 하는 난감한 상황이 발생하게 된다. 한두 번도 아니고, 갈 때마다 내 귀가 잘 안 들리니 대답이 없어도 오해하지 말라고 설명하는 일은 여간 번거롭고 민망한 일이 아니다.

이처럼 항상 같은 디자이너분에게 머리를 맡기면 편리한 점이 가득하다. 그동안 몇 번의 시행착오를 겪었기 때문에 내가 원하는 머리 스타일을 디자이너분이 잘 알고 있고, 스타일에 변화를 주더라도 나에게 어울리는 스타일을 잘 알아 늘 만족스러운 결과를 얻을 수 있는 것이다.

하지만 2시간 이상이나 고요한 침묵 속에서 가만히 앉아 있어야 하는 일도 마냥 편한 것만은 아니다. 많은 사람이 있는 공간에서 보청기를 빼고 있는 상태는 고요함을 넘어 일종의 적막을 느끼게 한다. 고요한 감정 상태는 그저 잠잠하고 조용해서 일종의 평화로운 상태에 가깝지만, 적막한 감정 상태는 조용한 가운데 쓸쓸하고 외로운 느낌을 심어주는 감정이기 때문이다.

Chapter 3 | 청각장애 에피소드

미용실이라는 공간 안에서 다른 사람들은 모두 분주하게 움직이고 서로 소통하는데, 나 혼자 덩그러니 떨어진 것 같은 적막감을 느낀다는 것은 어쩌면 일종의 불안감과 같다고 말할 수 있다. 들리지 않는 상황에서 무언가 분주한 상황이 느껴지면 나는 반사적으로 왜 이럴까 궁금함이 생기게 되고, 상황 파악을 위해 눈을 이리저리 굴리며 둘러보게 된다. 또한, 혹시나 누군가가 나에게 말을 걸어오지나 않을까 하는 마음에 계속 다른 사람들을 신경 쓰게 되는 것이다. 그래서 나는 미용실을 일종의 시간과 정신의 방처럼 생각하기로 했다. 외부와 분리되어 나 자기 내면으로 서서히 침잠해 들어가는 침묵의 공간. 한 마디로 잠을 잔다는 소리다.

이렇게 눈을 감고 자고 있으면 혹시나 누가 나에게 말을 걸었는데 내가 대답을 못 해주더라도, '아, 자고 있구나.' 하고 자연스럽게 넘어갈 수가 있다. 또한, 내가 무언가를 해야 하는 상황이라면, 나의 어깨를 툭툭 치면서 재차 말을 해준다. 그러면 내가 눈치껏 자세를 바꾸거나, 보청기를 다시 끼고 의사소통을 할 수가 있기에 당황하지 않고 넘어갈 수 있다.

요즘은 다행스럽게도 단골 미용실의 담당 디자이너분 덕분에 한결 편안하게 나의 내면으로 침잠해 들어갈 수 있게 되었다. 이는 그분이 나의 사정을 충분히 이해하고 계시기 때문이며, 적절한 배려로 잘 조절해주시기 때문이다.

이처럼 안정된 상황이 정착되고 나면, 그렇게나 어렵고 불편한 상황도 아닌 것 같은데, 항상 너무 신경 쓰는 것은 아닌가 생각도 해본다. 내가 듣지 못하기에 누군가가 나를 위해서 더 배려해주거나 도움을 줘야 하는 상황이 오면, 늘 마음 구석에 미안함이 밀려들기 때문이다. 조금 더 실감 나게 표현하자면, 이런 상황은 나에게 소위 현타에 가까운 느낌을 준다.

 청각장애아를 키우는 부모님들이 미용실에서 생길 수 있는 이런 시행착오에 대해서 알아두시면 적지 않은 도움이 되리라 생각한다. 부모님들이 옆에서 다 말씀을 해주시겠지만, 아이의 기분이나 감정이 어떤지에 대해서 부모님께서 이해하고 있는지 아닌지도 매우 중요하기 때문이다. 부모님께서 아이의 감정 상태를 세세하게 잘 알고 있다면, 아이도 분명히 큰 안정감을 느끼리라 생각한다.

통통 귀, 날씬 귀

나는 먹는 것 자체를 좋아하고, 이를 즐기는 편이다. 그런데 요즘 식당에 가보면 식사 도중 온전히 음식을 먹는 행위에 집중하는 사람들을 보기가 굉장히 드물다. 혼밥 중일 때는 거의 휴대전화를 보고 있고, 사람들과 같이 식사할 때조차 자꾸 휴대전화를 쳐다보는 경우를 흔하게 목격할 수 있다.

나는 음식을 먹을 때만큼은 오로지 먹는 것에만 집중해서 맛을 음미하는 편이다. 식사 자리에 동석자가 있을 때 딴짓을 하는 것은 상대가 누구든 실례라는 생각도 들고, 혼자 먹을 때 또한 그 시간을 오롯이 즐기고 싶기 때문이다. 음식을 즐길 때 다른 행동에 정신이 팔리면, 음식이 가진 실제 맛의 절반도 못 느끼게 된다. 하지만 내 앞에 놓인, 내 입에 들어갈 그 음식에만 집중하게 되면, 음식 재료 하나하나가 간직한 맛이 정수를 더욱 잘 느낄 수 있다고 생각한다. 실제로 해보면 그렇다.

이처럼 먹는 것을 좋아하다 보니, 필연적으로 체중에 대한 걱정이 따라붙기 마련이다. 특히 나에게는 스트레스를 받으면 음식을 더 소중하게 받들어 모시는 경향이 있다. 우여곡절 끝에 보청기 센터를 오픈하고, 시행착오로 가득했던 사업 초반에는 나름 많은 스트레스를 받았다. 잘 모르는 것도 많았고, 이것저것 신경 쓸 것들도 너무 많았다.

나는 자연스럽게, 아니 스트레스를 풀기 위해 음식을 더 많이 먹기 시작했다. 그 결과 급격히 체중이 8~9kg이나 늘어나게 되었다. 늘 입던 바지가 점점 쪼여오더니, 어느새 지퍼를 올릴 수 없는 지경에 이르고 만 것이다. 또한, 건강 상태도 서서히 나빠지는 것을 분명히 체감할 수 있었다. 나는 이를 해결하기 위해 크로스핏이라는 운동에 입문하게 되었다. 그렇게 크로스핏을 시작한 지 6개월 정도 지날 무렵이 되어서야, 나는 다시 바지의 지퍼를 올리고 다닐 수 있었다.

보통 청각장애와 체중 사이에는 아무 관계가 없다고 생각한다. 하지만 청각장애는 체중과 의외로 관계가 깊다. 신기하게도 몸에 살이 찌면 귀에도 살이 찌고, 몸에 살이 빠지면 귀의 살도 빠지는 것이다. 이처럼 귀에 살이 찌면 원래 끼던 보청기가 너무 빡빡해서 불편해지고, 귀에 살이 빠지면 기존에 끼던 보청기가 헐거워서 잘 빠지는 현상이 생기게 된다. 이와 관련해서 참고할만한 정보가 있다면, 아동들은 성장하면서 귓구멍도 함께 커지기 때문에 기존에 끼던 보청기가 빠지는 경우가 흔하게 생긴다.

그래서 흔히 귓구멍이라고 불리는 외이도의 직경이 1mm만 커져도 출력이 센 보청기들의 경우 귓구멍에 들어가는 몰드나 돔을 교체해주어야 한다. 그렇게 조치하지 않으면 '삐~'하는 하울링이 생겨서 제대로 들을 수가 없게 된다. 반면 살이 쪄서 외이도의 직경이 줄었을 때는 평소보다 소리가 먹먹하게 느껴진다.

나는 요즘 크로스핏을 하면서 살도 빠지고, 귀도 날씬해졌다. 그래서 평소보다 보청기가 더 잘 빠지고 있다. 조만간 몰드를 다시 맞추어야 할 듯하다.

청력검사

사람들은 대부분 병원 등 의료기관에 방문하는 것을 두려워한다. 왜 그럴까. 일단 의료기관은 대개 차가운 느낌의 인테리어를 취하고 있는 경우가 많다. 정확한 이유는 잘 모르겠지만, 생물학적인 질환을 다루는 것이 중요하기 때문에 심리적인 배려까지는 신경쓰지 않아서 그런 것 아닐까 생각해본다.

반면, 성형외과나 피부과 등 대개 미용을 위해서 방문하는 의료기관은 대체로 따뜻하고, 부드러운 느낌의 인테리어로 구성해 놓은 경우가 많다. 그런 곳은 생물학적인 질환 그 자체를 다루는 것이 중점이 아니고, 다소 상업적인 성격을 많이 가지고 있으므로 서비스 측면까지 신경 쓰기 때문일 것이다.

그러나 사람의 몸과 사람의 마음은 별도, 즉 둘이 아니다. 사람의 몸과 마음은 서로 불가분의 일체성을 가지고 있으므로, 아무리 생물학적으로 몸을 다루는 의료기관이라 할지라도 조금 더 따뜻하고 부드러운 인테리어를 통해서 방문자들의 마음을 조금 편안하게 해주면 어떨까 싶다. 나는 병원을 보며 늘 그런 생각을 한다.

보청기 센터도 일종의 의료기관이라고 볼 수 있다. 어릴 때부터 지금까지 보청기 센터를 이용하면서, 나는 그곳에서 편안함을 느낀 적이 별로 없는 것 같다. 늘 긴장하고 조심하게 되기 때문에 마음 편하게 방문하기 어려웠다.

보청기 센터를 방문하게 되면 가장 먼저 청력검사를 한다. 이때 밀폐된 검사 부스에 들어가서 귀에 헤드셋을 착용하고, 얼마나 작은 소리까지 잘 들을 수 있는지를 단계적으로 테스트하게 된다. 검사자 선생님은 부스 밖에서 기계를 조작하며 큰 소리부터 작은 소리까지 단계적으로 들려준다. 그러면 검사를 받는 사람은 부스 안에서 소리를 듣기 위해 집중하고, 잘 들리면 버튼을 눌러서 확인 신호를 보내준다.

청력검사를 하는 이유는 현재의 청력 상태가 어떤지를 확인하기 위해서이고, 기존에 이미 검사받았을 경우 그사이 청력에 변화가 생겼는지 확인하기 위해서이기도 하다. 어찌 되었든 보청기를 새로 맞추거나 조정하려면 청력검사는 거의 필수적으로 거쳐야 하는 경우가 많다.

나는 지금까지 이런 청력검사를 셀 수 없이 받으며 살아왔다. 청력검사를 위하여 검사 부스에 들어가는 것은 언제나 시험장에 들어가는 기분이었고, 검사실에 앉아 있으면 언제나 상당한 긴장감과 두려움을 느끼곤 했다.

검사 도중 헤드셋을 통하여 검사자 선생님의 목소리가 들려온다.

"버튼 막 누르지 말고, 들릴 때만 누르세요."

물론 나는 소리가 확실하게 들릴 때만 버튼을 누른다. 그런데도 검사자 선생님은 내가 장난을 치거나, 실수한다고 자꾸 오해할 때가 많다.

그럴 때마다 무척이나 당황스럽고 의아했는데, 나중에 알고 보니 나에게 이명 증상이 있어서 그랬다는 것을 알게 되었다. 청력검사 부스는 매우 좁다. 이런 좁디좁은 공간 속에 혼자서 앉아 있으니 신경이 극도로 예민해지고, 긴장감이 들어 안 들리는 소리가 들린다는 착각을 일으킨 것이었다.

이러한 경험 때문에 나는 센터를 방문하시는 손님들이 최대한 편안한 분위기 속에서 편안한 마음으로 청력검사를 받을 수 있도록 많이 배려하고 신경 쓰고 있다. 그래서 청력검사실을 만들 때도 일반적인 다른 청력검사실과는 전혀 다른 편안한 분위기를 연출하기 위해 꽤 많이 고심했었다.

일단 플라스틱이나 알루미늄 같은 소재를 배제하고, 나무 소재의 인테리어 자재를 활용해 따뜻한 느낌을 주려고 노력하였다. 또한, 청력검사실의 크기도 다른 검사실보다 최소 1.5배~2배 정도 더 크게 만들었다. 이는 밀폐된 공간 속에 갇힌 느낌이 아니라, 여유 있는 공간에서 편안하게 검사받을 수 있게 하기 위함이었다.

빙고! 이런 나의 의도는 꼭 들어맞았다. 우리 센터에 찾아오신 손님들이 청력검사를 마치고 검사실을 나왔을 때 편안한 표정을 지으셨다. 손님들의 편안한 표정을 보면 내 마음도 한결 편하고, 청력검사실 설계의 새로운 시도와 그 결과에 대해 늘 보람을 느끼기도 한다.

가끔 다른 센터장님이 놀러오거나, 보청기 영업사원분들이 방문할 때가 있는데, 그들 대부분은 우리 센터의 청력검사실을 보고 놀라는 경우가 많다.

"아니. 청력검사실을 왜 이렇게 크게 하셨죠? 그럴 필요가 없잖아요?"

그분들의 이야기도 틀리지 않는다. 사실 청력검사실이 크다고 해서 우리 센터가 더 돋보이거나 매출이 상승하는 것은 아니다. 하지만 센터를 방문하시는 손님들께서 잠깐을 머물더라도, 최대한 편안하게 머물다 가셨으면 하는 바람이 있다. 나는 지금도 지속해서 개선할 부분들을 찾고 있으며, 틈날 때마다 센터를 업그레이드하고 있다.

미래에 대한 리스크

나는 'EVAS(Enlarged Vestibular Aqueduct Syndrome. 전정 도수관 확장 증후군)'라고 부르는 희귀 난청 질환을 앓고 있다

EVAS는 일반적으로 청력만 떨어진 청각장애와는 조금 다른 선천성 난청으로써, 달팽이관의 기형이라는 구조적 원인으로 인해 발생한다. EVAS를 앓게 되면 종종 보청기를 착용하더라도 갑자기 아무것도 들을 수 없는 돌발성 난청을 겪을 수 있다. 예컨대 머리에 충격이 가해진다거나, 과도한 스트레스를 받는다거나, 몸이 지나치게 피로하다거나 할 때 이러한 돌발성 난청이 찾아오게 되는 것이다.

만약 아침에 일어나서 보청기를 착용했는데 아예 아무 소리도 들리지 않는다면, 돌발성 난청이 찾아왔거나 보청기가 완전히 고장이 났거나 둘 중 하나의 경우라고 볼 수 있다. 이런 경우에는 일단 보청기부터 확인해 봐야 한다. 가장 좋은 방법은 보조로 가지고 있는 세컨드 보청기를 착용해보는 것이다. 다른 보청기를 착용했는데도 여전히 소리가 들리지 않는다면 거의 99.9%의 확률로 돌발성 난청이 찾아왔다고 보면 된다. 나머지 0.1%의 가능성이 있다면, 그것은 꿈속에서 그런 일을 겪었을 때이다. 실제로도 아주 가끔 그런 꿈을 꾸곤 하는데, 나에겐 최악의 악몽이다. 이렇게 돌발성 난청이 찾아오면 철렁이는 가슴을 쓸어내리며 보청기 센터로 달려가야 한다.

그렇다면 이런 돌발성 난청은 어느 정도의 빈도로 발생하는 것일까? 사람마다 각자의 환경과 조건에 따라서 다르겠지만, 나의 경우 적게는 일 년에 한두 번에서, 많게는 열 번 정도 발생하는 것 같다.

어릴 때는 EVAS에 대해서 잘 알지 못했다. 그저 나에게는 EVAS라는 달팽이관의 기형이 있다는 정도로만 이해하고 있었다. 나는 EVAS 때문에 돌발성 난청이 온다는 사실은 전혀 인지하지 못했다. 그렇게 시간이 흘러 대학교에서 청각학을 전공하다 보니 EVAS에 대해서 정확하게 알게 되었다. EVAS로 인하여 돌발성 난청이 오면 일시적으로 떨어진 청력이 회복되는 경우가 대부분이지만, 간혹 떨어진 청력이 전혀 회복되지 않는 사례도 있었다. 그래서인지 지금도 나는 한 번씩 돌발성 난청이 찾아오면 정말 큰 두려움에 사로잡히곤 한다.

그나마 다행인 것은 돌발성 난청이 두 귀에 동시에 찾아오는 경우는 극히 드물다는 것이다. 대부분 한쪽 귀에만 발생하니, 일상에서 얼마든지 대처할 수 있다. 하지만 만약 일하는 도중에 돌발성 난청이 찾아온다면, 이는 정말 큰 위기가 아닐 수 없다. 손님을 응대하거나, 전화 상담하거나, 직원들과 회의하는 경우에서 업무에 큰 지장이 생기기 때문이다. 이럴 때는 어쩔 수 없이 자존감이 바닥을 칠 수밖에 없다.

돌발성 난청이 두려움을 주는 가장 큰 이유는 예측 불가능성 때문이다. 즉 언제 청력이 떨어질지 전혀 예측할 수 없고, 또한 언제 회복이 될지도 전혀 알 수가 없는 것이다. 물론 대부분은 하루 이틀 지나면서 자연스럽게 회복이 되지만 말이다.

솔직히 나는 늘 두렵다. 이 돌발성 난청이 또 언제 나를 덮칠지, 만일에 청력이 되돌아오지 않으면 어떻게 될지. 이렇게 갑작스럽게 나를 찾아오는 돌발성 난청을 전혀 통제할 수 없다는 것이 나에게 더 큰 두려움을 안겨준다.

두려움으로 밤을 지새우던 어느 날 밤, 나는 작은 깨달음에 다다랐다. 나를 이토록 불안하게 하는 주범이 바로 생각 그 자체라는 사실이다. 내가 두렵다고 생각하든, 그렇지 않든 돌발성 난청은 찾아오는 것인데, 나는 이러한 생각을 통해 두려움을 더 크게 느끼고, 더 자주 느끼고 있다는 사실이었다.

누구나 오늘을 살고, 지금 순간을 살아간다. 1초만 지나가도 그것은 기억이라는 메커니즘을 통해 이미 지나간 과거가 되어버린다. 그리고 미래는 아직 오지 않은 것이다. 그러니 지나간 돌발성 난청의 기억을 되새김질하며 미래를 두려워할 필요가 전혀 없는 것이다.

나는 이제 돌발성 난청으로 인한 미래의 리스크를 생각하지 않기로 했다. 괜히 스트레스만 가중될 뿐이지 않은가. 내가 그것에 대하여 걱정하든 안 하든 그것은 해가 뜨고 지듯 오고 갈 것이기 때문이다.

내가 '척'하는 이유

아마도 많은 사람들이 '척'을 하면서 살 것이다. 왜 그럴까?

'척'이란 사실을 과장하여 거짓으로 꾸민 태도를 일컫는 말인데, 다시 말해서 지금의 상태가 불만족스러워서 그것을 감추기 위한 행동이라고 볼 수 있다. 이러한 '척'하는 행동은 대개 '잘난 척', '아는 척', '있는 척', '하는 척' 등이 있을 것이다. 그리고 '척'을 전혀 하지 않고 사는 사람은 거의 없으리라 생각한다.

그렇다면 왜 이렇게 사람들은 척을 하는 것일까? 내가 아는 바로는 심리학적으로 보았을 때 어릴 적 부모로부터 받은 영향이 제일 크다고 한다. 어떤 상황에서 아이의 감정이 드러날 때 부모들이 이를 잘 받아주고 수용해준다면, 아이는 그런 상황이 별문제 없는 상황이라고 생각하고 쉽게 넘어간다. 하지만 부모가 이를 받아주지 않고 핀잔을 주거나, 책망하거나, 비난하게 되면 다음부터 아이는 자신에게 문제가 있다고 생각하고 자신의 감정을 숨기려고 노력하게 되는 것이다.

그래서 잘하지 못하면서도 잘하는 척, 모르면서도 아는 척, 없어도 있는 척, 게으름을 피웠어도 열심히 하는 척하면서 다시는 그런 비난과 책망을 받지 않기 위해서 거짓된 태도를 꾸며내는 것이라고 할 수 있다.

이런 상황을 딱 한 마디로 말하면 '남의 눈치를 보는 것'이라고 할 수 있다. 어릴 때 부모들이 아이들의 감정을 잘 받아주었다면 아이는 부모의 눈치를 보지 않는다. 그래서 자유롭게 선택하고, 결정하고, 행동하고, 그 결과에 대해서 스스로 성찰하고 책임지는 어른으로 자라날 수가 있는 것이다.

그런데 사실 이런 '척'이 없이는 세상을 편안하게 살아가기 힘든 것도 사실이다. 그래서 나는 그런 것을 나쁘다고는 생각하지는 않는다. 그저 '저 사람이 마음에 부족한 것이 있구나. 그래서 감추고 싶어 하는구나.'라고 이해하는 편이다. 세상에 완벽한 사람이란 없으니 말이다.

그렇다면 청각장애가 있는 경우에는 어떨까? 장애가 있다는 것은 일단 무언가 부족한 상황이다. 그래서 이런 부족한 상황을 회피하기 위하여 자신을 숨기고 과장해야만 할 상황이 생기는 것은 매우 당연하다고 할 수 있다.

나도 마찬가지로 잘 안 들리지만, '잘 들리는 척'을 해야 하는 상황이 많았다. 하지만 이러한 경우가 딱히 특별한 상황이 아니라 매우 일상적인 상황이라는 것이 조금 문제였다.

예를 들어서 식당에서 음식을 주문한다거나, 카페에서 커피를 주문할 때 상황이 조금 시끄럽거나 어수선할 수 있다. 이럴 때마다 나는 직원의 말을 못 듣는 경우가 종종 생긴다. 그럴 때 나는 '네?'라고 다시 묻지 않고, '네.'라고 확정적으로 대답을 하는 편이다. 잘 못 들었지만, 잘 들은 척을 하는 것이다.

왜냐하면, 식당이나 카페에서 직원들이 하는 말은 별로 중요한 말이 아닌 경우가 많다. 내가 주문한 것에 대해서 재차 확인한다거나, 결재를 해달라거나 등 그저 의례적으로, 형식적으로 하는 말이 대부분이다. 그래서 내가 잘 못 들었음에도 잘 들은 척 '네.'라고 대답하면, 큰 문제 없이 상황이 흘러가게 된다.

특히 여러 사람이 함께 있는 자리에서 내가 잘 못 들었다고 되묻게 되면, 누군가는 같은 말을 한 번 더 하는 것에 대해 짜증이 날 수도 있고, 누군가는 내가 자기 말에 귀 기울이지 않는다고 오해를 할 수도 있다. 그래서 '네.'라고 대답하는 것이 나로서는 최고의 방법이 될 수 있다. 굳이 청각장애가 있는 것을 드러내지 않고서도 상황을 잘 모면할 수 있고, 특별히 타인에게 불편을 끼치지 않아도 되며, 내 마음도 편하기 때문이다.

하지만 가끔은 이런 '척'으로도 해결할 수 없고, 오히려 다른 오해를 불러일으키는 상황도 존재한다. 내가 분명히 '네.'라고 대답했는데, 다른 사람이 내 예상과 달리 엉뚱한(내 입장에서 보았을 때는) 행동을 하는 경우도 생기는 것이다. 그러면 나는 상대방이 내 말을 무시했다고 오해하기도 한다.

그래서 나는 일상적인 상황이 아니라, 일과 관련된 미팅 자리 등에서는 내가 청각장애가 있음을 미리 밝힌다. 이로써 대화 도중 내가 듣지 못한 부분에 대해서는 반드시 되묻고 재확인한다. 이처럼 약간의 불편을 감내함으로써 서로 오해 없이 원만하게 일을 진행할 수 있다. 청각장애가 있는 분들은 나처럼 상황을 구별해서 그다지 중요하지 않은 상황은 대충 척하며 넘어가고, 중요한 상황에서는 미리 말하는 것이 좋은 방법이라고 생각한다.

물론 가장 좋은 방법은 '척'을 전혀 하지 않는 것이다. 심리학자들에 의하면 자신의 감정을 숨기지 않고 전부 솔직하게 표현하는 것이 정신 건강을 위하여 가장 좋다고 한다. 자기 안의 좋은 감정뿐만 아니라 싫은 감정까지 다 표현했을 때 자존감이 높아지고, 열등감에서 벗어날 수가 있다고 한다.

요즘은 과거와 달리 화상 미팅이나 카톡 등을 활용해 비대면으로 업무하는 경우가 많다. 직접 만나 마주하지 않더라도 원활하게 일할 수 있게 해주는 도구가 많이 생긴 것이다. 비록 비대면 소통은 대면 소통보다 전달력이 떨어지지만, 오히려 시간을 절약할 수도 있고, 듣지 못해 놓치는 민망한 상황을 피할 수 있어서 장점도 꽤 많은 것 같다. 비대면 소통은 대개 텍스트를 활용하기 때문에 귀로 들어서 놓칠 가능성이 현저히 줄어든다. 이는 청각장애인은 물론 비장애인에게도 유익할 수 있다.

죄송하지만, 왼쪽은 제 자리거든요

사람의 몸은 좌우 대칭으로 이루어져 있다. 왼쪽 팔, 오른쪽 팔, 왼쪽 다리, 오른쪽 다리부터 시작해서 왼쪽 눈, 오른쪽 눈 등 모든 것이 대칭을 이룬다. 그리고 그 양쪽은 각각 크기도 다르고, 모양도 다르고, 힘도 다르다. 왼쪽과 오른쪽이 완전히 같은 경우는 전혀 없다고 말할 수 있다.

이는 청력도 마찬가지이며, 물론 청각장애인의 청력도 그렇다. 나의 경우에는 주변이 조용한 상황에서 보통 크기의 말소리를 들을 때 왼쪽 귀와 오른쪽 귀의 청력 간의 차이가 제법 큰 편이다. 대략 왼쪽 귀는 말소리의 50% 정도를 변별할 수 있고, 오른쪽 귀는 대략 말소리의 80~90% 정도 변별이 가능하다.

나는 대학생 때 피검자(검사를 받는 사람)의 입장에서 ABR 실습을 한 적이 있다. 여기서 ABR이란 Auditory Brainstem Response의 약자로서 우리말로 청성뇌간 반응검사라고 하는데, 이는 피검자에게 소리 자극을 들려주고 이에 대한 반응을 두피에 부착한 전극을 통하여 기록하는 검사를 의미한다.

당시 교수님께서 나의 청력을 검사했는데, 내가 아무 반응을 하지 않으니 당황하시던 기억이 떠오른다. 청각학과에 다니는 학생 대부분은 정상적인 청력을 가지고 있었고, 나처럼 청각장애가 있는 학생은 드물었기 때문이다. 교수님께 저는 "청각장애 2급입니다."라고 말씀드리니 그제야 고개를 끄덕이셨다. 그리고 '이런 사실을 미리 말씀드렸다면 더 좋았을 것을.' 하는 생각을 했다.

나는 오른쪽 귀가 왼쪽 귀보다 조금 더 잘 들리고, 왼쪽 귀는 오른쪽 귀의 절반 정도밖에 들리지 않는다. 그러다 보니 조금 특이한 습관이 하나 생겼는데, 그것은 식당이나 카페에 가거나 여러 사람과 함께 테이블에 앉을 때 가장 왼쪽 자리를 선호하는 것이다. 그 이유는 만약 중간 자리에 앉는다면 오른쪽에서 말하는 소리는 잘 들리지만, 왼쪽에서 말하는 소리는 놓치기 때문이다. 그래서 왼쪽에서 말하는 사람의 입 모양을 보려고 두리번거리게 되면 사람들이 나를 조금 의아하게 보기 십상이다. 또한, 가장 오른쪽에 앉게 되면 대부분의 소리를 놓치게 된다.

나는 오른쪽 귀에 그나마 잔존 청력이 남아있으므로, 가장 왼쪽에 앉으면 자연스럽게 오른쪽에서 나는 소리를 잘 들을 수 있게 되는 것이다. 보는 방향 역시 오른쪽으로만 보면 되기 때문에 좌우로 고개를 돌릴 필요도 없으니 편안하게 대화를 나눌 수 있게 된다.

그런데 사람마다 선호하는 자리가 있는 것 같다. 어떤 사람은 왼쪽 자리에 앉아서 다른 사람이 자신의 오른쪽에 위치하는 것을 좋아하고, 어떤 사람은 오른쪽에 앉아서 다른 사람이 자신의 왼쪽에 위치하는 것을 좋아하기도 한다. 만약 동석하는 자리에서 누군가 역시 왼쪽에 앉는 것을 선호한다면, 그때는 상황이 조금 난감해지기도 한다. 서로 왼쪽 자리에 앉으려고 하다 보니 조금 어색한 상황이 연출되는 것이다. 그럴 때면 어쩔 수 없이 내가 왼쪽 귀가 잘 들리지 않아서 그렇다고 설명해줄 수밖에 다른 도리가 없다. 사실 나를 잘 모르는 모든 사람에게 매번 같은 설명을 해야 하는 것도 은근히 귀찮은 일이다.

나는 이런 귀찮음을 피하고자 나름의 방법을 고안했다. 소위 '왼손잡이 전략'이라고 하는 것이다(전략이라고 해봤자 사실 별것도 아니지만). 즉 나를 잘 모르는 사람들이랑 어떤 자리에 앉을 때, 나는 왼쪽 자리를 차지하기 위한 명분으로 내가 왼손잡이라서 그렇다고 말한다.

왼손잡이는 컵을 들거나 수저를 들 때 왼손을 사용하기 때문에 내 왼쪽에 사람이 있으면(내가 오른쪽에 앉으면), 자꾸 부딪히거나 걸리적거리게 된다. 따라서 상대방을 배려하기 위해 왼쪽에 앉는 것처럼 소위 하얀 거짓말을 하는 것이다. 그러면 다들 "아~ 그렇구나." 하면서 고개를 끄덕끄덕하고 내가 왼쪽 자리에 앉도록 양보해준다. 이 얼마나 슬기로운 장애 생활인가?

그런데 재미있는 것은 운이 좋은 건지 내가 정말로 왼손잡이라는 사실이라는, 사실이라는, 사실이다(신이시여 감사합니다!)! 청각장애가 있는 분 중, 나처럼 자리 때문에 고민을 하는 분들이 꽤 많으리라고 생각한다. 그때는 나처럼 하면 많은 도움이 되리라 생각한다. 물론 왼손잡이가 아니신 분들은 내가 어찌할 방도가 없다.

인도에서 둘이 나란히 걸어갈 때도 유사한 상황이 발생한다. 내가 왼쪽에서 걸어가야 오른쪽에 있는 상대방의 말소리를 잘 들을 수 있는 것이다. 특히 차들이 많이 다니거나 음악 소리를 크게 틀어 놓은 거리에서는 더욱 그렇다. 소음 때문에 옆 사람의 말소리가 잘 안 들리므로, 나는 무조건 왼쪽에 서서 걸으려고 하는 편이다.

이렇게 걸어가면서 상대방의 말을 들으려고 애쓰다 보면, 나도 모르게 몸이 조금씩 조금씩 오른쪽으로 향해가게 된다. 그럴 때마다 상대방은 그런 나를 의아하게 쳐다보며, 왜 자꾸 몸을 자기 쪽으로 붙이느냐고 묻기도 한다. 나는 그 말을 듣고 나서야 비로소 내가 또 오른쪽으로 기울어진다는 사실을 자각하게 되고, 그제야 다시 똑바로 걷게 된다.

상대방은 내가 자기를 좋아해서 자꾸 붙는다고 착각하거나 혹은 변태 끼가 있다고 착각할지도 모르지만, 나로서는 원수와 함께 걸어도 어쩔 수 없는 일이니, 그런 오해는 부디 거두어주시기를 바라 마지않는 바이다.

글을 적다 보니 내 인생도 어지간히 피곤하다는 생각이 든다. 귀로는 듣는 것에 초집중해야 하고, 눈으로는 다른 사람의 입 모양을 유심히 살펴피는 노력을 기울여야 하기 때문이다.

그나마 영국이나 일본에 안 태어난 게 어딘가. 거긴 자동차 운전석이 오른쪽에 있어서 나처럼 왼쪽 귀가 잘 들리지 않는 사람이 운전하면, 보조석에 앉은 사람과 대화 나누는 것이 너무 힘들어질 테니까.

운전할 때는 옆 사람과 수다도 나누고, 서로 고민 상담도 하고, 가끔 말다툼도 하고, 이 나라가 어디로 가고 있는지에 대한 깊이 있는 토론도 해야 재미있다. 만약 말없이 앞만 보며 운전하다 보면, 아마 졸음 도깨비가 나를 가만히 내버려 두지 않을 거라는 생각이 이 글을 쓰고 있는 지금 순간 나의 좌측 전두엽을 부드럽게 스쳐 지나간다. 그래서 나는 대한민국, 나의 조국을 사랑하기로 결정핸섬! 풋 욜 핸즈 업 맨~

큰 울림이 담긴 홍정욱 회장님의 에세이

언젠가 '7막 7장'이라는 제목의 에세이를 읽은 적이 있다. 7막 7장은 코리아헤럴드(현 헤럴드)의 회장인 홍정욱이 쓴 에세이인데 출간 당시에는 베스트 셀러였다고 한다. 이 책에서 가장 놀라웠던 부분은 문장에 마침표가 없다는 점이었다. 그 이유를 알아보니 저자는 인생에 마침표가 없다는 것을 강조하고 싶었고, 이에 책에도 마침표를 쓰지 않았다고 말했다. 참 신선한 발상이 아닐 수 없다.

7막 7장은 출간 당시 매우 큰 화제를 불러일으킨 책이다. 많은 독자가 홍정욱의 감성적이면서도 철학적인 이야기들, 그리고 그의 다양한 경험을 글을 통해 접하며 많은 위로를 받았다고 한다. 특히 홍정욱의 유쾌하고 독특한 문장 구성과 비유, 메타포 등이 독자들의 마음을 사로잡고 있다는 평가가 많았다. 또한, 책의 내용 전반에서 인생의 가치에 대한 진지한 고민과 인간적인 성찰을 담고 있으므로, 독자들에게 큰 감동을 주기에 충분했다. 그래서 당시에 중고등학생들 사이에서는 숙제로 이 책의 독후감을 쓰는 경우도 많았다고 한다. 내가 알기로는 이 책은 굉장히 호불호가 갈리는 책인데, 저자 본인의 경험담을 영웅적으로 묘사하고 있고, 동서양의 철학 문구들에 대한 인용이 많아서 지나치게 추상적이고 미사여구가 많다는 평가도 받았다.

아무튼 이 책으로 인해 자기 인생의 동기 부여에 있어서 큰 도움을 받았다고 좋아하는 사람들이 훨씬 더 많았던 것 같다. 나 역시도 이 책을 읽으면서 이렇게 보통 사람들을 훌쩍 앞질러 가는 사람들은 도대체 어떻게 해서 그렇게 된 건지 정말 궁금했다. 나도 사업을 하는 처지이기에 경영자가 쓴 책을 통해서 그들의 이야기를 접하다 보면, 자신에 대한 반성도 많이 하게 되는 것 같다. 또한, 간혹 내가 고민하는 부분에 대한 명쾌한 답을 찾을 수 있어 기쁠 때도 있다.

얼마 전에는 서점에 들렀다가 홍정욱 회장이 최근 새로 낸 책을 발견하고, 나는 너무나 반가웠다. 지금까지 정신없이 살아가다 보니 잊고 지내고 있었던 이름인데 다시 서점에서 만나다니. 기억 한편에선 옛 생각도 나고, 가슴이 설렜다.

그 책의 제목은 '50'이다. 50가지의 에세이를 나열한 책인데 글 쓰는 방식이 배우고 싶어질 정도로 너무나 매력적이었다. 홍정욱의 에세이 50은 그의 삶에서 우러나온 경험뿐만 아니라 사회적인 문제들에 대한 견해도 다루고 있어서 나에게 많은 공감을 불러일으켰다. 나도 그와 비슷한 고민을 하고 있었는데, 나보다 훨씬 훌륭한 분이 나와 비슷한 고민을 하고 있다고 생각하니 뭔가 가슴이 뿌듯해지는 기분도 들었다.

이 책에서 특별히 내 가슴에 와 닿았던 문구들을 몇 개 적어본다.

- 저지른 일에 대한 후회보다는 하지 않은 일에 대한 후회가 더 크다.
- 고민이 길어지면 용기는 줄어든다. 풀리지 않는 매듭은 가위로 잘라내듯 답 없는 고민은 결단으로 끝낸다.
- 새로운 시작이란 필요한 일 하나를 시작하는 것이 아니라, 불필요한 일 하나를 정리하는 것이다.
- 실패의 공포를 모르고 행하는 무모함과 알면서 행하는 용감함, 도전의 무게가 다르다.
- 지식과 철학과 경험의 무장을 갖추고 늘 깨어있길. 기회는 준비된 자에게 비처럼 쏟아진다.

빵빵~ 자동차 경적

비장애인은 특별히 인식하지 않겠지만, 운전할 때는 시각 외에 청각도 많이 사용된다. 특히 나처럼 청각장애가 있으면 운전할 때마다 청각의 소중함을 느끼게 된다.

그렇다면 운전할 때 청각이 얼마나 중요한 역할을 하는지 알아보자. 운전 중에는 내가 운전하고 있는 차, 도로, 주변 환경 등에서 들리는 소리를 인지하고, 그에 따라 반응하는 것이 매우 중요하다. 예를 들어 차에서 평소에 듣지 못한 비정상적인 소리가 날 경우, 차량에 이상이 생겼다는 신호일 수 있다. 운전자라면 이러한 여러 소리를 인지해서 빠르게 대처해야 사고를 예방할 수 있다. 예를 들면, 바퀴와 도로가 만나서 전달되는 소리를 인지해야 내 차의 타이어 상태와 도로 상태를 파악할 수 있고, 이에 운전 속도와 방법에 적절한 변화를 줄 수도 있는 것이다. 또한, 다른 차량이 내는 경적을 정확하게 인지해야 내가 보지 못한 주변 상황을 인지할 수 있게 되고, 이에 맞춰 차량을 적절하게 컨트롤해서 불필요한 충돌을 막을 수 있는 것이다.

그중에 가장 크게 작용하는 것이 아마 차량 간의 신호 수단인 경적이 아닐까 한다. '경적은 제2의 안전띠다!'라는 말이 있듯이, 상대방이 경적을 울린다는 것은 예견된 위험에 대해서 미리 경고하고자 하는 의도이다. 청각이 좋지 않으면 그러한 위험 신호를 미리 인지할 수 없어서 적절한 대처를 하지 못하는 경우가 발생할 확률이 높다.

나 역시 경적을 잘 못 들어서 사고를 낸 적이 몇 번이나 있다. 물론 내 운전 스타일도 한몫했겠지만, 경적만 제대로 들었어도 피할 수 있는 사고들이 꽤 있었다. 이렇게 사고가 반복되면 당연히 보험료가 인상되고, 보험료가 인상될 때마다 너무 아깝다는 생각이 든다. 그러면 그 감정은 다시 나의 장애에 대한 탐탁잖은 마음으로 연결되곤 한다.

아이쿠! 내 거친 운전 습관을 탓해야 하는데, 잘 못 들어서 그런 거라고 합리화를 하고 있다니. 사실 느긋하게 운전하면 위험 발생 여지가 확 줄어드니, 애당초 경적이 문제가 아닐 수 있다는 생각도 든다. 이러든 저러든 장애란 내가 감내해야 할 부분이니, 더욱 조심하고 신경을 써야겠다는 생각이 든다.

소리 없음을 보는 관점의 전환

얼마 전, 인터넷 서핑 중 '미소포니아(Misophonia)'라는 단어를 접하게 되었다. 처음 접해보는 단어이자, 조금 신비한 느낌이 들어 포털 사이트의 시사상식사전에서 검색해보니, 그리스어로 '혐오'를 뜻하는 미소스(Misos)와 '소리'를 뜻하는 '포네(Phone)'의 합성어라고 한다. 이는 특정한 소리에 매우 민감하게 반응하는 청각과민증을 의미하는데, 미소포니아가 있는 사람들은 자신들이 특별히 싫어하는 소리가 들리면 이 소리에 반응해서 싸울 것인지, 아니면 피해버릴 것인지를 결정한다고 한다. 아마도 대부분은 꾹꾹 참다가 폭발하는 경우가 많으리라 생각된다.

또한, 최근에도 TV를 통해 어떤 상담 프로그램을 보았는데 비슷한 이야기가 나와서 유심히 본적이 있다. 사례자는 아주 작은 소리에도 예민하게 반응하는 사람이었는데 그럴 때마다 마음이 불안해지고, 밤에는 잠을 이루지 못해서 너무나 괴롭다고 하소연했다. 언젠가는 도서관에 공부하러 갔는데, 자기 주변에 앉은 다른 사람이 볼펜 딸깍거리는 소리를 반복적으로 내었다고 한다. 사례자는 참을 만큼 참다가 결국 그 사람에게 다가가서 항의했는데, 상대방이 오히려 이상한 사람으로 취급해서 다툼이 생길 뻔했다고 한다.

상담자는 이러한 사례자의 증상에 대해서 이는 결코 심리학적 관점의 문제는 아니라고 말했다. 누구나 오감 중에서 특정한 한두 개의 감각이 발달하여 있는데, 소리에 예민한 사람들은 음악적인 재능을 가지고 있거나, 창의력이 높은 경우가 많으므로 그런 쪽으로 의미를 발견하면 좋은 쪽으로 풀릴 가능성이 크다고 한다. 그래서 현재의 고통이 자신의 재능을 발견하기 위한 소중한 기회가 될 수 있기에 일단은 투쟁이나 회피보다는 긍정적인 의미를 먼저 찾아보고, 그 에너지에 초점을 맞추는 것이 중요하다는 것이다.

하지만 그런 노력에도 나아지지 않는다면, 백색소음을 틀어두거나 이어폰을 끼고 좋아하는 음악을 듣는 등의 구체적인 방법을 사용하는 것도 좋다고 말했다. 한편, 예민한 청각 때문에 온종일 스트레스를 받았을 때는 반드시 자신만의 고요한 시간을 가지며 청각을 충분히 쉬게 해주어야 민감도가 줄어든다고 한다.

이러한 내용은 청각장애인인 나에게도 굉장히 도움이 되는 정보였다. 나의 경우 거의 365일 보청기를 사용하기 때문에, 보통 하루에도 내내 꼭 필요한 소리 이외에 잡소음을 적지 않게 듣게 된다. 이에 나도 온전히 고요한 나만의 시간이 필요했던 것인데, 앞서 말한 TV 프로그램을 보기 전에는 이러한 부분을 미처 생각해보지 못했던 것이었다. 왜냐하면 나는 지금껏 평생 안 고요하기(?) 위한 쪽으로만 생각해 왔기 때문이다. 즉 보청기를 끼지 않으면 항상 고요하므로 이 고요함을 벗어나기 위한 쪽으로만 생각했다. 그래서 고요함의 소중함에 대해서는 거의 생각을 해본 적이 없었다.

나는 아침에 모닝콜을 들으며 일어나는데, 이 모닝콜을 듣기 위해 잠도 보청기를 착용한 채로 잔다. 그렇게 일어난 직후에 나는 음악을 들으며 간단히 스트레칭하고 어슬렁어슬렁 화장실로 걸어간다. 화장실에서도 나는 계속 음악을 들으며 양치한다. 이렇게 음악을 들으면서 양치하면 잠도 금방 깨고 하루를 기분 좋게 시작할 수 있어서 좋은 것 같다. 이처럼 나는 웬만하면 계속 소리가 들리는 상태를 유지하려고 했던 것이다. 하지만 머리를 감을 때는 어쩔 수 없이 보청기를 빼야만 한다. 보청기에 물이 들어가면 쉽게 고장이 나기 때문이다.

　이처럼 머리를 감기 위해 보청기를 빼는 순간 갑작스러운 고요함이 나의 몸과 나의 공간을 확 둘러싼다. 무언가 일순간에 툭 끊어지는 느낌이랄까? 방금까지 귀에 들리던 음악뿐만 아니라 생활 속에서 들리던 모든 소리가 일순간에 사라져버리므로, 이는 고요함이라기보다는 일종의 '적막감'과 같은 것이라고 표현하는 것이 적합하다. 샤워기에서 쏟아지는 물소리, 손과 물이 닿을 때 일으키는 물방울의 마찰 소리, 슬리퍼가 바닥에 닿아서 질질 끌리는 소리, 칫솔 같은 물품을 들고 놓을 때 생기는 소리 등 모든 소리가 일시에 소거되어 버리기 때문에 갑자기 휑하고 낯선 공허감 같은 것이 파도처럼 엄습해오는 것이다.

　앞에 이야기했듯이 적막감은 '소리 없음'으로 인하여 약간의 외로움과 두려움 같은 감정을 느끼게 되는 상태라고 할 수 있다. 그런 이유에서 늘 나는 머리를 감기 전 보청기를 빼놓을 때마다 아쉬움이 밀려왔다. 즉 '머리를 감는 중에도 음악을 들을 수 있다면 얼마나 좋을까?'라는 생각을 하는 것이다.

　그런데 참 이상하다. 위에서 말한 TV 프로그램을 본 이후로 관점이 완전히 달라져 버렸다. 이런 소리 없음은 어쩌면 다른 어떤 사람이 그토록 간절히 원하는 고요함이 아닌가. 그래서 요즘은 곧잘 일부러 보청기를 빼고, 고요함을 즐기는 시간을 보내곤 한다. 예를 들어서 고요함 속에서 사색한다든지, 아침이면 오늘 해야 할 일정을 머릿속으로 정리한다든지, 밤에는 오늘 클리어하지 못한 일에 대하여 복기한다든지, 복잡한 일이 있을 때마다 머리를 식힌다든지 등 나는 필요할 때마다 보청기를 벗는다. 그러면 나의 마음은 하얀 눈이 소복이 쌓인 새벽녘의 들판처럼 고요해진다. 그리고 이내 모든 것을 벗고, 홀로 그

하얀 들판 속을 걸어간다.

이처럼 요즘은 소리 없음의 상태를 '적막감'이 아닌 '고요함'으로 전환해서 긍정적인 방향으로 활용하고 있다. 똑같은 상황인데 보는 관점을 달리하면 전혀 다른 감정을 느끼게 되고, 결국 생각지도 못한 효과를 누리게 된다는 것이 신기하기도 하다.

다시 귀에 보청기를 착용한다. 지구의 소리들의 다시 후드득 피어난다. 나는 다시 세상 속으로 걸어 들어간다. 고요함이든 시끄러움이든 매 순간이 소중하다는 생각이 뇌리를 스친다. 약 0.1초간.

관찰과 청각장애

관찰이란 주어진 대상이나 상황을 꼼꼼히 느끼며 파악하는 것을 말한다. 이러한 관찰은 현실 속에 존재하는 객관적인 사실을 파악하고, 돌아가는 상황을 제대로 이해하며, 주어진 문제를 효율적으로 해결하는 데 있어서 매우 중요한 역할을 한다.

보통 관찰이라고 하면 조금은 이론적이고, 왠지 전문적인 느낌을 떠올리게 된다. 예컨대 과학 실험에서는 실험 대상의 현상을 꼼꼼하게 관찰하여 실험 결과를 도출하고, 이를 바탕으로 이론을 검증하고 발전시킨다. 의료 분야에서는 환자의 증상을 꼼꼼히 관찰하여 질병을 판단한다. 예컨대 의사들은 기본적으로 환자의 피부 색깔, 체온, 맥박, 호흡, 눈동자의 흔들림 등을 꼼꼼히 관찰하여 다양한 증상을 파악하고, 이에 걸맞은 진단을 내림으로써 적절한 치료를 시행하게 된다. 또한, 사회 과학 분야에서는 인간의 인식, 행동, 관계, 문화 등의 현상을 관찰하여 이에 대한 이해를 바탕으로 다양한 사회 문제를 해결하는 데에 활용된다. 그리고 예술 작품을 창조하는 미술 분야에서는 주변의 모습을 꼼꼼하게 관찰하여 이를 바탕으로 그림이나 조각 등의 작품을 완성하기도 한다. 즉 자신이 묘사하고자 하는 대상을 꼼꼼히 관찰한 후, 이를 자신만의 감성과 스타일로 재탄생시킴으로서 작품의 예술성을 높이는 것이다.

하지만 관찰이라고 해서 꼭 특정한 대상을 정하여 할 필요는 없으며, 일상 여러 곳에서도 다양한 형태로 이루어질 수 있다고 생각한다. 방 청소를 하면서도 관찰할 수 있고, 요리하면서도 관찰할 수 있고, 옷을 사면서도 관찰할 수 있고, 등산 같은 야외 활동을 하면서도 관찰할 수도 있고, 번화가를 걸어가면서도 관찰할 수 있는 것이다. 이러한 일상에서의 관찰 역시 대상과 상황에 대한 자신의 인식과 이해를 넓히고, 문제를 해결하는 데에 있어서 중요한 정보를 제공해 준다고 생각한다. 예를 들어서 우리가 밥을 한 끼 먹을 때 음식의 성분을 꼼꼼히 살펴보고 영양성분을 파악하는 것도 관찰의 일종이라 볼 수 있다. 이를 통해서 우리는 기존에 형성되어 있던 나쁜 식습관을 개선하고 건강한 식습관을 얻을 수 있는 것이다.

나와 같은 청각장애인의 경우에는 청각적으로 세상의 정보를 얻는 능력이 제한되어 있다. 그래서 청각 이외의 시각적인 정보나 다른 감각적인 정보를 활용하여 상황을 파악하고 이해할 필요가 크다고 할 수 있다. 그중에서도 가장 중요한 부분이 시각적 관찰이 아닐까 생각한다. 나의 경우에는 일상의 여러 상황에서 시각적 관찰 능력을 적극적으로 활용하며 청각 능력의 부족함을 보완하는 편이다. 즉 타인의 표정이나 움직임, 주변 환경의 변화 등을 시각적으로 파악하며, 상황마다 가장 적절하게 대처하기 위해 노력하는 것이다.

또한, 청각장애인은 다른 사람들과의 대화에서도 높은 수준의 관찰 능력이 필요하다. 청각장애인들은 상대방의 표정, 제스처, 입 모양, 신체 언어 등 다양한 비언어적 표현을 잘 관찰하면서 이를 통하여 상황을 파악하고, 더욱 원활하고 자연스럽게 대화를 이어갈 필요가 있다고 생각한다. 나 역시 어릴 때부터 다른 사람과 대화할 때마다 촉각을 곤두세우고 시각적인 관찰 능력을 최대화하고자 노력해왔다.

특히 청각장애인은 안전과 관련되어서도 시각적 관찰을 더 많이 해야 한다. 비장애인들은 안전감에 대해서 평소에 별로 인식하지 않고 살아갈지도 모른다. 하지만 청각장애가 있는 사람들은 소리 인지가 얼마나 안전과 관계되는지 아주 잘 알고 있다. 쉬운 예로 차가 다니는 길거리에서 귀가 잘 들리면 굳이 뒤를 돌아보지 않아도 뒤에서 차가 접근하는 것을 인지하고 미리 대처할 수 있다. 하지만 청각장애인은 뒤에서 차가 오는 것 자체가 매우 큰 위험이 될 수 있다. 운전자로서는 내가 차 소리를 듣지 못한다는 예상까지 하면서 운전하지 않기 때문이다.

이처럼 청각장애인들은 부족한 청각 능력을 메우기 위해서 시각적 관찰 능력을 높이는 것이 중요하다. 이를 위해 다양한 시각적 정보에 노출되어, 시각적 관찰 능력을 향상하는 것이 도움이 된다. 또한, 자신이 경험하는 다양한 상황에서 어떤 정보를 시각적으로 어떻게 파악해야 하는지에 대한 나름의 노하우를 터득하며 시각적 관찰 능력을 높일 수도 있을 것이다. 이러한 노력을 통해 청각장애인들은 자신의 장애를 보완하여 일상을 더욱더 적극적이고 활달하게 열어갈 수 있다고 생각한다. 그래서 신은 인간에게 다양한 감각기관을 준 것이 아닐까.

중요한 것은 꺾이지 않는 마음

꽃이 아름다운 이유는 무엇일까.

추운 겨울이 가면 따뜻한 봄이 찾아오고, 봄이 오면 형형색색의 꽃이 핀다. 그러면 사람들은 봄꽃을 즐기기 위해 자연을 찾아가고, 저마다 행복한 표정을 지으며 꽃을 배경으로 사진을 찍기에 분주하다. 너무나 당연한 소리지만, 아마도 사람들은 꽃이 예쁘고 아름답다고 생각하기 때문에 겨우내 움츠린 몸을 이끌고 꽃을 찾아다니며 사진을 찍는 것이리라. 그렇다면 사람들은 왜 꽃이 아름답다고 느끼는 것일까?

내 생각에 가장 본질적인 이유는 딱 하나다. 꽃은 금세 지기 때문이다. 우리는 계절이 바뀌면 꽃이 진다는 것을 시각적으로 분명하게 인지할 수 있다. 물론 꽃 자체가 가진 아름다움도 있겠지만, 꽃은 다른 사물과 달리 죽음 혹은 사라짐에 대한 인식을 확연하게 느끼도록 만들어준다.

예를 들면, 봄이 되면 온 세상을 핑크빛으로 물들이는 벚꽃의 향연이 펼쳐진다. 사람들은 남녀노소 할 것 없이 이 아름다움에 감탄하며 이를 눈으로 즐긴다. 하지만 그토록 아름답던 벚꽃잎들은 이내 바람을 타고 흩어져서 땅바닥에 떨어진다. 그러면 우리는 꽃이 졌다는 사실을 인지하며 아쉬운 감정을 느끼게 된다.

이처럼 온 세상에 활짝 핀 벚꽃이 아름답게 느껴지는 이유는, 그것이 항상 존재하는 것이 아니라 가끔 찾아오기 때문이며, 또 조만간에 사라지기 때문이다. 장담하건대 이 벚꽃을 봄, 여름, 가을, 겨울, 사계절 늘 볼 수 있다면, 아무도 이를 보고 아름답고 소중하다고 생각하지 않을 것이 분명하다.

만약 사람들이 꽃이 가진 외적인 아름다움만 좋아하는 것이라면, 단순히 조화만 보더라도 행복감을 느끼게 된다. 하지만 조화를 보면서 진심으로 감탄하고 행복감을 느끼는 사람은 없다. 그러니 꽃이 가진 외적인 아름다움, 그것은 결코 본질적인 문제가 아니다. 다시 말해, 꽃이 곧 진다는 사실이 꽃이 가진 아름다움을 최대한으로 느낄 수 있게 해주는 본질인 것이다.

인생이 아름다운 이유도 아마 이와 같으리라 생각한다. 인생이 영원히 지속된다면 아무도 인생의 소중함에 대해서 자각하지 못할 것이다. 또한, 그렇다면 모든 사람이 게으름과 욕망, 무지에 사로잡혀서 하루하루를 대충대충 살아갈 것이다.

나의 경우, 이러한 '사라지는 것의 소중함'에 대해서 가장 확연하게 느낄 수 있는 것이 바로 청력이다. 앞에서도 말했지만, 나는 에바스라는 선천성 난청으로 인해 돌발성 난청이 자주 온다. 그렇게 돌발성 난청이 찾아오면 내 청력은 수시로 변동된다. 아주 약해지기도 하고, 전혀 안 들리기도 한다.

이런 현상은 내 의지와 무관하므로 내가 예측하거나 대응하는 것이 불가능한 영역이다. 이에 나는 평소에도 늘 이런 돌발성 난청에 대한 두려움과 불안함을 간직하고 살 수밖에 없다. 나중에 내 청력이 완전히 사라져버리면, 결국 나도 인공와우 수술을 해야 할 시기가 올지도 모른다. 그것이 내 인생에서 가장 큰 리스크 중의 하나이다.

아이러니하게도, 내가 지금껏 '보청기'라는 목표 하나만 바라보며 달려올 수 있었던 가장 큰 원동력이 바로 이 리스크 때문이었다. 내가 결코 통제할 수 없는 리스크, 내가 보청기를 사용해서 들을 수 있는 시간도 곧 사라지리라는 두려움 때문에 나는 하루라도 허투루 쓰고 싶지 않았다. 그래서 내가 정말 하고 싶었던 일에 집중했고, 그중에서 내가 가장 잘 할 수 있는 일에만 집중했다. 그것이 나에게는 보청기였다.

이런 근원적인 두려움 때문이었을까? 나는 예전에 스티브 잡스의 연설을 듣고 큰 감명을 받은 적이 있었다. 많은 분이 이미 잘 알고 계시겠지만, 스티브 잡스는 이런 말을 했다.

"오늘이 내 인생의 마지막 날이라면, 지금 하려고 하는 일을 할 것인가?"

"인생의 중요한 순간마다 '곧 죽을지도 모른다.'라는 사실을 명심하는 것이 저의 가장 중요한 도구입니다. 죽음을 생각하는 것은 무언가 잃을지도 모른다는 두려움에서 벗어나게 해주는 최고의 방법입니다. 여러분들이 지금 모든 것을 잃어버린 상태라면 더 이상 잃을 것도 없기에 본능에 충실할 수밖에 없습니다."

"여러분들의 시간은 한정적입니다. 그러니 여러분의 삶을 낭비하지 마십시오. 여러분 내면의 진정한 목소리를 잡음들이 방해하지 못하게 하십시오. 그리고 가장 중요한 것은 마음과 영감을 따르는 용기를 가지는 것입니다."

"이미 마음과 영감은 당신이 진짜로 무엇을 원하는지 알고 있습니다. 나머지는 전부 부차적인 것입니다."

스티브 잡스는 인간이 가장 근원적인 두려움인 죽음에 대해서 이야기하고 있었다. 보통 사람들은 자신들이 두려워하는 죽음에 대하여 생각하지 않으려고 하고, 죽음이 주는 두려움 감정에 대하여 회피하려고 한다.

하지만 스티브 잡스는 죽음을 직시하라고 말하고 있었다. 죽음을 직시하라. 그의 말은 절대적으로 옳다. 우리는 언제 어디서 죽을지 아무도 모른다. 결단코 아무도 모른다. 세상에는 예기치 못한 사고와 천재지변과 질병들이 언제나 우리 주변을 감싸고 있다고 해도 과언이 아닐 것이다. 그래서 저마다 그런 것을 피하고자 아등바등하는 것이 아닌가. 하지만 스티브 잡스는 죽음을 직시하는 것이 죽음에 대한 두려움을 해결해주는 최고의 방법이라고 말해주고 있다. 실제로 스티브 잡스는 매일 아침 거울을 보면서 자신이 오늘 죽을 수 있다는 사실을 자각하면서 자신을 독려했다고 한다. 그리고 마침내 그는 역사에 남을 위대한 일을 해내었다.

스티브 잡스의 연설을 들으면서, 나도 그와 같이 내가 통제할 수 있는 일에 집중하고 최선의 결과를 내기 위하여 노력해야겠다는 결심을 하게 되었다. 그래서 내가 통제할 수 없는 청력상실에 대해 고민하지 않기로 한 것이다. 이 책을 쓸 때 유행했던 말이긴 하지만, 이런 인생을 살기 위해서 가장 중요한 것이 '꺾이지 않는 마음'이라고 생각한다.

꺾이지 않는 마음은 어려움과 역경을 마주할 때도 포기하지 않고, 그것들을 이겨내려는 결심과 의지를 가진 마음을 뜻한다. 이러한 마음은 결국 끈기와 인내, 긍정적인 생각과 태도를 만들어낼 것이다. 또한, 이러한 마음은 어려운 시기에서도 자신의 목표와 꿈을 이루려는 불굴의 의지를 가질 수 있게 도와주며, 긍정적인 자세로 어려운 상황을 이겨내는 데에 큰 도움을 줄 수 있다고 생각한다. 그래서 중요한 것은 지금 상황이 어려운가 쉬운가가 아니다. 가장 중요한 것은 바로 꺾이지 않는 마음이다!

인생, 여행, 그리고 성찰

사람들은 각자의 표현대로 인생을 비유하곤 한다. 혹자는 인생은 고난의 연속이라고 하기도 하고, 또 어떤 사람은 인생은 책과 같은 것이라고도 하고, 또 다른 이는 인생은 미로와 같은 것이라고 하기도 한다. 이러한 인생에 대한 비유는 각자의 경험과 가치관에 따라서 다양성을 가진다.

나는 인생을 '여행'이라고 생각한다. 지난 어느 날 서점의 외국어 코너에서 생활영어 책을 하나 고르던 중, 우연히 영어가 아닌 다른 언어 관련 서적도 살펴본 적이 있었다. 그러다가 나는 재미있는 사실을 발견했다. 영어든, 중국어든, 일본어든, 스페인어든, 세상 그 어떤 언어든 간에 결국에는 여행을 이야기한다는 사실이다. 예컨대 생활 영어 책은 대개 이러한 카테고리로 구성되어 있다는 것이다. 만났을 때, 헤어질 때, 초대할 때, 방문할 때, 식당에서, 공항에서, 옷가게에서, 은행에서, 대중교통을 이용할 때 등등.

이러한 상황과 공간별로 이어지는 이야기들은 대부분 우리가 여행할 때 경험하는 일들이다. 고로 우리가 이 세상을 살아가는 것 자체가 하나의 긴 여행이며, 우리가 언어를 배운다는 것 자체도 이러한 인생의 긴 여정을 잘 헤쳐 나가기 위한 수단을 배우는 것이라 말할 수 있다. 그런 생각이 들자 나는 우리의 인생이 곧 여행이라고 생각하게 된 것이다. 내가 말하는 여행은 관광과는 조금 다른 개념이다. 여행이라는 단어가 내포하고 있는 의미를 쉽게 이해하고자 한다면, 머릿속에 학창 시절 경험한 추억의 수학여행을 떠올려보자. 수학여행이라는 것이 마냥 편안한 여행은 아니었지만, 대부분은 수학여행을 통해 기쁨과 즐거움, 설렘을 느낀다. 이러한 감정은 관광보다는 여행이라는 행위에 더 많이 내포되어 있다.

자세히 들여다보면 인생과 여행은 많은 공통점이 있음을 알 수 있다. 내가 생각하는 공통점은 세 가지이다. 첫째, 그 둘은 우리가 처음부터 끝까지 완벽하게 컨트롤할 수 없다는 것이다. 여행 중에는 항상 예상치 못한 일이 생기기 마련이고, 우리의 인생 역시 늘 예상한 대로 흘러가는 법이 없다. 둘째, 여행 중에 우리는 새로운 경험을 얻게 되고, 새로운 사람들을 만날 수 있다. 이러한 경험들은 우리가 세상을 더 잘 이해하고, 작기만 했던 자신을 발견하게 해준다. 우리의 인생도 마찬가지다. 어려운 상황을 겪으며 그 안에서 성장하고, 자신의 장단점을 발견하며 더욱 성숙해진다. 마지막으로, 여행이나 인생에서 행복을 찾는 것이 말처럼 쉬운 일이 아니라는 것이다. 여행을 가는 것이 마냥 즐거운 일이라고 생각하기가 쉽지만, 여행을 가서도 만족하지 못하는 경우 또한 많다. 내가 예상했던 일들과 다른 복잡한 일들이 펼쳐지기도 하고, 여기저기 다니면서 몸이 힘들어지기도 하고, 같이 여행하는 사람들과 갈등이 생기기도 한다. 여행의 시간이 길어지고 구경하는 것이 많아질수록 그 이런 상황이 많이 발생한다.

여행이 늘 기대되는 것은 바로 이러한 이유 때문이다. 여행이 마냥 즐겁기만 하다면, 그 누구도 여행을 기대하지 않을 것이다. 여행 일정에 따라 눈앞에 무엇이 펼쳐질지 대충은 알지만, 명확하게 알지 못하기 때문에 궁금한 것이고, 궁금하기에 가보고 싶은 것이고, 가보고 싶기에 일단 기대를 품게 되는 것이다. 이러한 묘미는 아까 말했듯이 바로 '쉽지 않다'라는 사실에 있다. 쉽지 않기 때문에 그만큼 큰 가치를 가질 수 있는 것이다.

그렇다면 이러한 쉽지 않은 인생길을 어떻게 해야 잘 걸어갈 수 있을까? 가장 좋은 방법은 '성찰'이라고 생각한다. 성찰이란 곧 반성하고, 반성하고, 또 반성하는 것, 즉 깊이 반성하는 것을 의미한다. 나아가 아쉽게 지나간 시간에 대해서 나 자신의 부족함을 솔직하고, 진지하게 들여다보는 것을 의미한다. 성찰을 해보신 분은 이미 잘 아시겠지만, 우리는 성찰을 통해 정말 많은 것들을 배울 수 있다. 특히 우리 자신에 대해서. 그러한 성찰의 힘이 있으면 앞으로 나아가기가 훨씬 수월해진다.

나는 처음 이 책을 써보고 싶다는 생각이 들었을 때, 내 삶을 되돌아보고 싶은 마음이 강했다. 나름대로 너무 열심히 달려왔기 때문에 뒤를 돌아보며 어지럽게 흩어져 있는 것들을 정리하고 싶었기 때문이다. 또한, 조금은 지나온 삶에 대해 성찰해보고 싶었다. 그런데 이렇게 글을 마치려다 보니, 처음의 의도와는 달리 성찰적인 내용이 별로 없는 것 같다. 그래서 곰곰이 생각해보니 아직 내가 많이 부족하고, 교만하다는 생각에 이르렀다. 이 또한 성찰이리라.

이 부족하고 교만한 글을 세상에 내놓게 되어 정말 가슴이 조마조마하다. 그렇다고 다 써놓은 글을 내놓지 않으려고 하니, 그동안 글을 쓰면서 쏟아부었던 노력에 미안한 마음이 든다. 그래서 차린 음식은 별로 없지만, 손님을 초대하는 죄송한 심정으로 이 글을 내어놓는다.

부디 독자 여러분들께서 부족한 차림으로 초대하는 저의 뻔뻔함에 대해 너그럽게 이해해주시기를 바라며 이 글을 마칩니다.

감사합니다!

2023년 8월 1일 초판 2쇄 발행

글 | 오재훈
책임편집 | 문수림
디자인 편집 총괄 | 문수림

발행인 | 오재훈
발행처 | 마이티북스(15번지)

© 마이티북스

출판사 연락처
전화 | 010-5148-9433
이메일 | novelstudylab@naver.com
홈페이지 | http://마이티북스.com

ISBN 979-11-975591-5-0

이 책은 저작권법에 따라 보호받는 저작물이므로 무단전재와 무단복제를 금지하며,
이 책 내용의 전부 또는 일부를 이용하려면
반드시 저작권자들과 출판사의 서면 동의를 받아야 합니다.

정가는 책 표지에 표기되어 있습니다.
파본이나 잘못된 책은 구매하신 서점에서 교환해 드립니다.

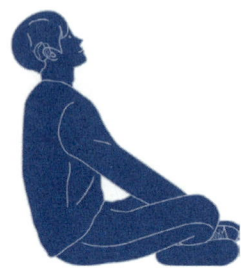

나는 청각 장애인이다.

도서 제작 과정에서 아래의 폰트를 사용했습니다.
'KoPub바탕체, KoPub고딕체, Noto Sans CJK KR.'
창작자들을 위해 무료로 배포해준 폰트 제작자 여러분에게 지면을 빌려 감사의 마음을 전합니다.